Rudolph Weigel, Rudolph Weigel

Sammlungen von Kupferstichen, Holzschnitten, Handzeichnungen,

Kupferwerken, Kunstbüchern

Rudolph Weigel, Rudolph Weigel

Sammlungen von Kupferstichen, Holzschnitten, Handzeichnungen, *Kupferwerken, Kunstbüchern*

ISBN/EAN: 9783743436541

Hergestellt in Europa, USA, Kanada, Australien, Japan

Cover: Foto ©Thomas Meinert / pixelio.de

Manufactured and distributed by brebook publishing software (www.brebook.com)

Rudolph Weigel, Rudolph Weigel

Sammlungen von Kupferstichen, Holzschnitten, Handzeichnungen,

RUDOLPH WEIGEL'S KUNST-AUCTION.

CATALOG

mehrerer zum Theil hinterlassener

guter Sammlungen

von

Kupferstichen,

Holzschnitten, Handzeichnungen, Kupferwerken, Kunstbüchern etc.

unter Andern

der Sammlung des Herrn Geh. Medicinalrath Prof. Dr. Hohl in Halle,

welche

den 31. März 1862

und folgende Tage

zu Leipzig

(im R. Weigel'schen Kunst-Auctions-Lokal, Königsstr. No. 1)

durch

Herrn Raths-Proclamator Engel

gegen baare Zahlung in Courant öffentlich versteigert werden.

Leipzig,
Druck von Bär & Hermann.
1862.

Leipziger Kunstauctionen.

Der Unterzeichnete übernimmt und besorgt den Verkauf sowohl grosser Sammlungen als kleiner Beiträge von Kupferstichen, Handzeichnungen, Oelgemälden, Kunstbüchern etc. durch Auctionen, welche unter seiner Garantie von dem verpflichteten Proclamator abgehalten werden. Das Vertrauen, welches während fünfundsiebenzig Jahren Käufer und Verkäufer den von ihm und seinen Vorfahren veranstalteten Auctionen schenkten, beruht vor allem auf der gewissenhaften Anfertigung der Cataloge und pünktlichen Ausführung der Aufträge. Diejenigen öffentlichen Kabinette und Kunstfreunde, welche Doubletten oder Sammlungen versteigern lassen wollen, belieben sich der Bedingungen wegen an ihn zu wenden.

Rudolph Weigel.

Zur gef. Beachtung.

Die Versteigerung geschieht gegen baare Zahlung und werden die auswärtigen Käufer ersucht, ihre Commissionaire mit Baarkasse zu versehen.

Aufträge erbittet man sich spätetens 8 Tage vor der Versteigerung, doch macht man aufmerksam, dass denselben entweder ein Theil des muthmasslichen Erstehungsquantums baar oder Accreditive auf hiesige Banquierhäuser beizufügen sind, oder auch dass durch Postvorschuss der Betrag des Erkauften nachgenommen werden darf, ohne welche Sicherheitsstellung jene unberücksichtigt gelassen werden.

Es wird ferner ersucht, die Preise bei den Aufträgen genau zu bestimmen, da es bei den vielen Commissionen zu oft in Verlegenheit führt, wenn approximative Gebote gethan werden; wenn ein Gebot um wenige Groschen nicht überschritten worden, ist keineswegs anzunehmen, dass es der Auftraggeber deshalb erlangt haben würde, sondern dass höhere Limiten vorlagen, und versteht es sich ohnehin von selbst, dass derjenige welcher das höchste Gebot gethan, die betreffende Nummer auch nur erhalten und verlangen kann.

Nachstehende **Buch-** und **Kunsthandlungen** übernehmen Aufträge:

Aachen	Cremer'sche Buchhandlung.
Altenburg	Schnuphase'sche Buchhandlung.
Altona	A. Lehmkuhl & Comp.
Amsterdam	F. Buffa & fils. — J. H. A. Jonkers. — F. Müller.
Arnsberg	W. von Schilgen.
Augsburg	Birett's Antiq.-Buchhandlung. — F. Ebner.
Baireuth	C. Giessel.
Bamberg	Buchner'sche Buchhandlung.
Basel	H. Amberger. — H. Fischer & Comp. — J. L. Fuchs & Comp. — Neukirch'sche Buchhandlung.
Berlin	Amsler & Ruthardt. — Besser'sche Buchhandlung. — A. Burmeister. — C. G. Ende. — Enslin'sche Buchhandlung. — Kunstantiquariat von G. Heubel. — J. F. Linck. — E. Mecklenburg. — Auctions-Commissionair A. Meyer. — Mittler'sche Sortiments-Buchh. — Nicolai'sche Sortiments-Buchhandlung. — Oehmigke's Buchhandlung. — Gebr. Rocca. — Jos. Rocca. — Schneider & Comp. — E. H. Schroeder. — J. A. Stargardt.

Bernburg	A. Schmelzer.
Bonn	A. Marcus.
Braunschweig	E. Leibrock. — G. C. E. Meyer sen.
Bremen	A. D. Geisler'sche Buch- u. Kunsthdg. — J. G. Heyse's Sort.-Buchh — H. L. J. Kraus. — Kühtmann & Comp. — H. Strack.
Breslau	Gosohorsky's Buchhandlung. — F. Hirt. — W. G. Korn. — J. Max & Comp. — Trewendt & Granier.
Brüssel	B. van der Kolk. — C. Muquardt.
Cassel	Bertram'sche Buchhandlung. — H Jungklaus.
Coburg	Meusel & Sohn.
Cöln	Du Mont Schauberg'sche Buchhandlung. — J. M. Heberle. — G. Honnef. — Rommerskirchen's Buchh. — Schmitz's Sort.-Buchh.
Copenhagen	G E. C. Gad. — A. F. Höst. — Th. Lind. — Lose & Delbanco — C. A. Reitzel's Buchh.
Cracau	D. E. Friedlein.
Crossen	P. Ehrlich & Comp.
Danzig	Th. Bertling. — W. Devrient's Nachfolger. — L. G. Homann's Buchhandlung.— B. Kabus'sche Buchhandlung.
Dorpat	E. J. Karow.
Dresden	E. Arnold. — Fr. v. Boetticher. — E. Geller. — F. C. Janssen. — Frau Lotzmann, Schlossgasse Nr. 33. — A. Reichel. — G. Schönfeld.
Düsseldorf	J. Buddeus'sche Buchhandlung. — Ad. Gestewitz. — A. W. Schulgen.
Elbing	Neumann-Hartmann.
Erfurt	C. Villaret.
Florenz	L. Bardi.
Frankfurt a. M.	Jos. Baer. — H. Keller. — F. A. C. Prestel. A. Voemel. — K. Th. Völcker.
Frankfurt a. d. O.	G. Harnecker & Comp.
Gent	C. Muquardt.
Görlitz	C. A. Starke.
Gotha	Ferd. Hennings. — E. F. Thienemann.
Göttingen	Dieterich'sche Buchhandlung.
Haag	M. Nijhoff. — A. G. de Visser.
Hagen	Gust. Butz.
Halle	Lippert'sche Buchhandlung. — H. W. Schmidt's Sortiments-Buchhandlung.
Hamburg	B. S. Berendsohn. — Commeter'sche Kunsthandlung. — Hoffmann & Campe. — Makler C. Meyer. — Perthes, Besser & Mauke.
Hannover	F. Brecke. — Hahn'sche Hofbuchhandlung. — Helwing'sche Hofbuchhandlung. — V. Lohse. — H. Oppermann. — C. Schrader's Nachfolger.
Heidelberg	Adolph Emmerling.

Innsbruck . . .	F. Unterberger.
Kiel	Th. Klose. — Schwers'sche Buchhandlung. — Universitäts-Buchhandlung.
Königsberg in Pr. . .	Bon's Buchhandlung. — Gräfe & Unzer.
Leyden	E. J. Brill.
London	P. & D. Colnaghi. — E. A. Evans & Sons. — D. Nutt. — Williams & Norgate.
Lübeck	Dittmer'sche Buchh. — von Rohden'sche Buchh.
Lüttich	Ch. Gnusé. — Ch. van Marck.
Magdeburg	E. Baensch. — F. Kaegelmann.
Mailand . . .	T. Laengner.
Mainz	G. Frommann. — V. v. Zabern.
Mannheim	Artaria & Fontaine.
Minden	Keiser & Comp.
München	J. Aumüller. — Max Brissel. — F. Gypen. — Mey & Widmayer. — L. von Montmorillon. — Antiquar Dr. G. K. Nagler. — M. Ravizza.
Münster . .	Coppenrath'sche Buchhandlung. — Theissing'-sche Buchhandlung.
Neapel	A. Detken.
Neisse	J. Graveur.
Neustrelitz	G. Barnewitz.
Nordhausen . . .	F. Förstemann's Buchhandlung.
Nördlingen . . .	C. H. Beck'sche Buchhandlung.
Nürnberg	Auctionator J. A. Börner. — F. Heerdegen. — Riegel & Wiessner. — J. A. Stein.
Oldenburg .	Schulze'sche Buchhandlung. — G. Stalling.
Paderborn .	W. Crüwell. — F. Schöningh. — J. Wesener. — L. D. Winkler.
Paris	Clement. — A. Franck. — Guichardot. — A. W. Schulgen. — E. Tross.
St. Petersburg . . .	Ed. Minlos.
Posen	J. Lissner.
Prag	Calve'sche Buchhandlung. — Ehrlich's Buchhandlung. — F. Rziwnatz.
Regensburg	A. Coppenrath. — G. J. Manz.
Rendsburg	P. Matthiessen.
Riga	N. Kymmel.
Rostock	Stiller'sche Hofbuchhandlung.
Rotterdam	Ad. Baedecker.
Schaffhausen	Hurter'sche Buchhandlung.
Schweidnitz	L. Heege.
Schwerin	A. Hildebrand. — Stiller'sche Hofbuchhandlg.
Sondershausen . . .	G. Bertram.
Stettin	Müller'sche Buchhandlung. — F. Nagel.
Stockholm	A. Bonnier. — Levertin & Sjoestedt. — Samson & Wallin.
Stralsund	C. Hingst.
Strassburg	J. Noiriel. — Treuttel & Würtz.
Straubing	Schorner'sche Buchhandlung.
Stuttgart	A. Liesching & Comp. — J. Weise.
Triest	H. F. Münster. — H. F. Schimpff

VIII

Tübingen	L. F. Fues'sche Buchhandlung.
Turin	Herm. Loescher.
Utrecht	T. de Bruyn. — W. F. Dannenfelser. — Kemink & Sohn
Venedig	H. F. & M. Münster.
Verona	H. F. Münster.
Warschau	A. Gebethner & Comp. — H. Natanson.
Weimar	W. Hoffmann.
Wien	Artaria & Comp. — C. Gerold's Sohn. — Lechner's Universitäts - Buchhandlung. — Miethke & Wawra. — L. T. Neumann. — F. Paterno.
Wriezen	E. Roeder.
Würzburg	Stahel'sche Buchhandlung.
Zürich	Cramer & Lüthi. — F. Hanke. — S. Höhr — F. Schulthess.

In Leipzig übernehmen Aufträge:

Herr Kunsthändler C. G. Börner. — Herr Proclamator H. Engel. — Die Herren Buchhändler H. Fritzsche, H. Hartung, Kirchhoff & Wigand, K. F. Köhler, R. Kössling, C. H. Reclam sen. Herr Kunsthändler L. Rocca. — Die Herren Buchhändler O. A. Schulz, F. Voigt, L. Voss, T. O. Weigel. — Die Herren Antiquitätenhändler Zschiesche & Köder und der Unterzeichnete:

Rudolph Weigel.

Nach jeder dieser Kunstauctionen sind gedruckte Versteigerungspreislisten für 2½ Ngr. zu haben.

Kupferstiche.

W. von Abbema.
1. Die Landschaft mit dem Reiher. C. F. Lessing del. gr. qu. fol.

J. Achard.
2. Landschaft mit Wasser. Radirt. Chines. Papier. kl. qu. fol.

J. Aliamet.
3. Die Landschaft mit dem hohen Felsen. N. Berghem p. Dresdner Gallerie. gr. fol. Bis zum Stichrand beschn.

S. Amsler.
4. Das Titelblatt zu den Nibelungen. P. v. Cornelius inv. qu. roy. fol. Schöner Abdruck.

Anastasi, Français, Laurentz etc.
5. 6 Bl. Landschaften nach Dupré, Bodmer etc. Lithographien auf Chines. Papier. fol. u. qu. fol.

J. Audran.
6. Die Krönung Maria's von Medicis. P. P. Rubens p. qu. roy. fol. Schöner Abdruck.

J. J. Balechou.
7. Das Seestück mit dem Schiffbruch. J. Vernet p. gr. qu. fol. Guter Abdruck, mit der Adresse von Buldet.

J. F. Bause.
8. Friedrich der Grosse. A. Graff p. fol. Keil 128. Guter Abdruck, wie die Folgenden. Bis zum Plattenrand beschnitten.

9. C. G. H. v. Hoym, Minister. F. Bardou p. fol. K. 148. Selten. Ebenso.
10. G. E. Lessing. A. Graff p. fol. K. 195.

F. Beauvarlet.
11. J. B. P. de Molière. Kniestück. S. Bourdon p. fol. Guter Abdruck, aber ausgebessert und beschnitten.

N. Berghem.
12. 4 Bl. Ziegen und Schaafe, aus verschiedenen Folgen. qu. 8. Fleckig.

C. C. Bervic.
13. Gabriel Senac de Meilhan. J. Duplessis p. fol. Guter Abdruck, aber bis nahe an den Stichrand beschn.

C. Billoin.
14. 2 Bl. Genrebilder, nach J. Madou. Radirt. qu. fol Chines. Papier.

J. Bisson.
15. Porte de la Vierge der Cathedrale von Amiens. Photographie. gr. fol.

J. J. de Boissieu.
16a. Waldeingang. qu. fol. Später Abdruck. Beschnitten.
16b. Der Schulmeister. 4. Alter schöner Abdruck.

A. Borum.
17. Die Heimkehr der Hirten. F. Boudewyns und F. Bout p. Lithogr., wie die Folgenden. Fleckig.
18. Der Rheingrafenstein bei Kreuznach nach Herf. qu. fol.
19. Landschaft mit Fluss und Hütten. M. Hobbema p. Tondruck. qu. fol.

J. Both.
20. 2 Bl. Landschaften, aus der Folge. fol. B. 1. u. 2. Späte Abdrücke, wie die Folgenden.
21. 6 Bl. Die Landschaften in die Breite. qu. fol. B. 5—10.

J. Boydell.
22. Seestück mit Schiffen. J. Brooking p. qu. fol. Beschnitten und etwas ausgebessert.

D. Brager.
23a. Seestück mit Schiffen am Ufer. Farbige Lithographie. qu. fol.
23b. 7 Bl. Französische Seeschlachten. Lithographirt von

A. Durant-Brager und Andern. Farbige Lithographien mit Umschlag. gr. fol. Mehre Blätter fleckig.

J. Browne.

24. Die Landschaft mit der Taufe des Kämmerers. J. und A. Both p. gr. qu. fol. Guter Abdruck, oben etwas über den Plattenrand beschnitten.
25. Die Landschaft mit der Kuhtränke. P. P. Rubens p. gr. qu. fol.

N. de Bruyn.

26. Die Kreuztragung. gr. qu. fol. Später Abdruck. Ausgebessert und beschnitten.
27. Die Wunder am Grabe des heil. Jakobus, nach L. van Leyden. gr. fol. Ebenso.
28. Die Landschaft mit dem Hauptmann von Capernaum. gr. qu. fol. Guter Abdruck vor der Adresse. Etwas ausgebessert und beschnitten.
29. Das Paradies mit dem Sündenfall. gr. qu. fol. Verschnitten und ausgebessert.
30. Ecce Homo. Reiche Composition mit unzähligen Figuren. gr. qu. fol. Schöner Abdruck vor der Adresse, aber rechts verschnitten.
31. Landschaft mit dem heil. Hubertus. roy. fol.
32. Die grosse Kirchweihe, nach D. Vinkebooms. qu. roy. fol. Späterer Abdruck mit Valk's Adresse.

J. Burnet.

33. The blind Fiddler. D. Wilkie p. gr. qu. fol. Alter, jedoch grauer Abdruck.

G. Busse.

34. Gegend am Königssee. Radirt. qu. fol.

W. Byrne und J. Schumann.

35. Ansicht von Windsor vom grossen Park aus. W. Hodges p. qu. fol. Schöner Abdruck.

A. v. d. Cabel.

36. 2 Bl. Landschaften. Radirt. qu. fol. B. 26, 29.

L. Calamatta.

37. Lisa Gioconda. L. da Vinci p. gr. fol. Trefflicher Abdruck mit Nadelschrift und auf Chines. Papier.
38. George Sand (Mad. Dudevant). Halbfigur. fol. Guter

Abdruck auf Chines. Papier. Der Rand etwas brüchig.

A. Calame.

39. Der Weg über den Gemmi. Lithographie auf Chines. Papier, wie die Folgenden. qu. fol.
40. Landschaft mit zwei ruhenden Landleuten. qu. fol.
41. Landschaft mit Wasserfall. qu. fol.
42. Schweizerberg mit See. kl. qu. fol.

J. Callot.

43. Die grosse Jagd. qu. fol. Meaume 711. Vor der Adresse. Die obere rechte Ecke defect.

B. Campana.

44. St. Petrus, nach G. Spagnoletto. Dresdner Gallerie. fol. Vor der Schrift, aber bis zum Stichrand beschn.

B. Canaletto.

45. Der Altmarkt in Dresden. Aus der Folge der Dresdner Ansichten, wie die Folgenden. qu. roy. fol. Alter Abdruck, wie die Folgenden. Etwas fleckig.
46. Das Wil'sche Thor. qu. roy. fol.
47. Die Ruinen am Fürstenhof. gr. qu. fol.
48. Ansicht der Neustadt mit dem Holländischen Palais. qu. roy. fol. Die untere linke Ecke defect.
49. Die Kreuzkirche im Ruin. gr. qu. fol.
50. Ansicht der Neustadt, mit der Statue König August. qu. roy. fol.

D. C. Canot.

51. View of the Royal Dock at Chatham. R. Paton p. gr. qu. fol. Schöner Abdruck.
52. A brisk Gale. W. v. d Velde p. gr. qu. fol. Bis zum Stichrand beschnitten.

A. Caron.

53. Faust und Gretchen bei der Kirche. A. Scheffer p. f. Schöner Abdruck auf Chines. Papier.

J. Caspar.

54. Thomas von Savoyen. A. v. Dyck p. fol. Schöner Abdruck, wie die Folgenden.
55. Die heilige Barbara. J. Boltraffio p. Berliner Kunstvereinsblatt. gr. fol.
56. St. Maria bei dem Christuskinde. E. Deger p. Düsseldorfer Kunstvereinsblatt. fol.

57. Tizian's Tochter. Tizian p. fol. Etwas fleckig.

J. Charpentier.

58. Calvin am Schreibtisch. A. Scheffer p. Lithographie auf Chines. Papier. fol.

F. Chereau.

59. C. Detl. de Dehn. H. Rigaud p. fol. 1. Abdruck, aber bis zum Stichrand beschnitten und der Schriftrand ganz fehlend.

J. Chevillet.

60. La Santé rendue. G. Terburg p. fol.

J. Courtois (Bourguignon).

61. Das Schlachtfeld mit den Blessirten. Radirt. qu. fol. Rob.-Dum 10. Alter Abdruck, aber etwas verschnitten und fleckig.

L. Cranach.

62. Johannes der Täufer in der Wüste predigend. Holzschnitt. qu. fol. Dem Meister zuweilen zugeschrieben.

C. van Dalen.

63. Sebastian del Piombo. Tizian p. fol. Späterer Abdruck mit der Schrift und der Adresse v. F. de Witt.
64. Aretin. Mit der Unterschrift: Arentyn. Idem p. fol.
65. G. Boccaccio. Idem p. fol. Guter Abdruck, mit der Adresse von Bloteling. Aufgezogen.

D. Danckerts.

66. Die Landschaft mit dem Finkenfang. N. Berghem p. qu. fol. Aufgezogen.

F. Deroy.

67. Die Schweinsjagd. P. P. Rubens p. Dresdner Gallerie. Deroy, Julien und L. Noël lith. qu. roy. fol. Chines. Papier.

A. B. Desnoyers.

68. La belle Jardinière. Raphael p. fol. Alter Abdruck. Oben etwas stockfleckig.
69. La Vierge au Poisson. Idem p. gr. fol. Guter Abdruck, aber etwas brüchig.
70. St. Catherine d'Alexandrie. Idem p. fol.

C. W. E. Dietrich.

71. Ponte Molle. qu. fol. Link 149. Seltener zweiter Abdruck.

J. Dorner.

72. Landschaft mit Fluss. S. Ruysdael p. Lithographie. qu. fol. Gefirnisst.

C. Drevet.

73. C. G. G. de Vintimille, Archevèque de Paris. Kniestück. H. Rigaud p. gr. fol.

P. Drevet.

74. J. B. Bossuet, in ganzer Figur. Idem p. fol. Mit ausgebesserten Rissen und der Druck ein späterer.

A. Dürer.

75. Der heilige Antonius. gr. 8. B. 58. Copie. Sehr beschädigt.
76. 20 Bl. Das Leben der Jungfrau Maria. Holzschnitte. fol. B. 76—95. Gute, zum Theil schöne Abdrücke, theils mit, theils ohne Text auf der Rückseite; das Titelblatt ohne die Ueberschrift.
77. St. Hieronymus in der Zelle. Holzschnitt. fol. B. 114. Schöner Abdruck.

H. Dupont.

78. Lord Strafford. P. Delaroche p. qu. fol. Schöner Abdruck eines Hauptblattes.

N. Dupuis.

79. C. F. P. Le Normand de Tournehem. L. Tocqué p. fol. Bis zum Plattenrand beschnitten.

R. Earlom.

80. Die Hexeu. D. Teniers p. Schwarzkunst. gr. qu. fol. Aufgezogen.
81. James Stuart, in ganzer Figur. A. van Dyck p. Schwarzkunst. gr. fol. Vorzüglicher Abdruck mit Nadelschrift.

G. Edelinck.

82. 2 Bl. F. de Medicis, Grand Duc de Toscane, und Gemahlin, in ganzen Figuren. P. P. Rubens p. fol. Rob.-Dum 143 und 271. Gute Abdrücke vor den Nummern.
83. J. P. de Lionne. J. Jouvenet p. fol. Rob.-Dum. 247. Schöner 2. Abdruck mit der Dedication.
84. C. Mouton. F. de Troy p. fol. Rob.-Dum 281. Schöner und seltener 2. Abdruck mit der Adresse des Meisters. Mit einigen unbedeutenden Flecken.

H. Eichens.
85. C. D. Rauch. Brustbild. C. l'Allemand p. Mezzotinto. fol. Schöner Abdruck.

L. Ekman Alesson.
86. Seestück mit Schiffbruch. A. v. Everdingen p. Lithogr. in Tondruck, wie die Folgenden. qu. fol.
87. Landschaft mit Fluss und Staffage. J. v. Goyen p. qu. fol.
88. Landschaft mit Wanderern. J. Ruysdael p. fol.

W. Elliott.
89. Le Retour de la Pèche. J. Pillement del. gr. qu. fol. Schöner Abdruck. Bis zum Plattenrand beschnitten.

J. C. Erhard.
90. Die Judenfamilie. Radirt. qu. fol. Seltener Aetzdruck.
91. Landschaft mit Wanderer. Radirt. qu. 4.

A. v. Everdingen.
92. Landschaft in Oval. qu. 4. B. 4. Bis zur Randlinie beschnitten.
93. Der Waldbach. qu. 4. B. 101. Schöner 2. Abdruck.

G. Feckert.
94. Familienglück. F. E. Meyerheim p. Lithographie auf Chines. Papier. gr. qu. fol.
95. Der Violinspieler und Mädchen mit Tambourin. L. Gallait p. Lith. gr. fol.

J. Felsing.
96. Die Aussetzung Mosis. C. Köhler p. Düsseldorfer Kunstvereinsblatt. gr. qu. fol. Guter Abdruck.
97. Mädchen am Brunnen. E. Bendemann p. Düsseldorfer Kunstvereinsblatt. qu. fol. Guter Abdruck.
98. Il Suonatore di Violino. Raphael p. fol. Guter Abdruck.

L. Ferogio.
99. Landschaft mit Wasser und Reisenden. Lithographie in Tondr. qu. fol.

H. Fincke.
100. Salzburg vom Kapuzinerberge. E. Biermann del. Berliner Kunstvereinsblatt. gr. qu. fol.

J. J. Flipart.

101. Die heil. Familie mit der Badewanne. G. Romano p. Dresdner Gallerie. fol. Bis zum Plattenrand beschn.

F. Forster.

102. La Vierge au Bas-Relief. L. da Vinci p. fol. Guter Abdruck, wie die Folgenden.
103. La Vierge de la Maison d'Orleans. Raphael p. fol.
104. Raphael Sanzio à l'âge de XV ans. Idem p. fol.

A. François.

105. Le Titien. Se ipse p. fol. Der untere Rand rissig.

J. François.

106. Pélerins sur la place Saint-Pierre à Rome. P. Delaroche p. qu. fol. Guter Abdruck eines Hauptblattes.

F. Gaertner.

107. Portal der Universität zu Berlin. Lithographie. fol.

L. Gallait.

108. Der Savoyarde. Radirt. 4.

W. F. Gmelin.

109. 2 Bl. Aus der Villa des Mäcenas zu Tivoli. qu. fol. Unten bis zum Plattenrand beschnitten.

F. Godefroy.

110. Les Nappes d'Eau. J. B. le Prince p. gr. qu. fol. Bis zum Stichrand beschnitten.

J. Goldar.

111. Seestück mit Schiffen in der Ramsay-Bay. R. Wright p. gr. qu. fol. Bis zum Stichrand beschnitten.

M. Golde.

112. Die erste Vorlesung der Räuber von Schiller. Th. v. Oer p. Lithogr. auf Chines. Papier. qu. roy. fol.

H. Goltzius.

113. 13 Bl. Die Passion. kl. fol. B. 27—38. Spätere Abdrücke mit de Witt's Adresse, nebst 1 Blatt Copie.
114. Die Beschneidung, in Dürer's Manier. gr. fol. B. 4. Guter Abdruck.

F. Grundmann.

115. Die Kätzchen. E. Meyerheim p. Mezzotinto. gr. fol.

B. v. Gunst.
116. F. Deckers, Medicus. C. de Moor p. fol. Beschnitten.
P. Habelmann.
117. Alex. von Humboldt. E. G. Richards p. Mezzotinto. fol. Vor der Schrift.
P. Hackert.
118. Landschaft mit Ulmenbaum. A la Cava. Radirt. fol.
Hague etc.
119. 3 Bl. Seestücke mit Schiffen. Tondrücke. qu. fol.
C. Hahn.
120. Friedrich der Grosse in Rheinsberg. T. v. Oër p. Lithographie. gr. qu. fol. Vor der Schrift und auf Chines. Papier.
121. Maria Magdalena und die andere Maria am Grabe des Herrn. P. Veit p. Lith. qu. fol. Chines. Papier.
C. Hainzelmann.
122. Regina Barbara a Zobely. J. Beyschlag p. fol.
C. Haldenwang.
123. Die heimkehrende Heerde. Claude Lorrain p. gr. qu. fol. Schöner Abdruck vor der Schrift, aber zu den Seiten und oben bis zum Stichrand beschn.
H. Hess.
124. Portrait von Masaccio. Se ipse p. Lithographie in Tondr. gr. fol.
A. Hoffmann.
125. Die Wiedererkennung Joseph's. P. v. Cornelius inv. gr. qu. fol. Schöner Abdruck auf Chines. Papier.
F. Hohe.
126. Freiburg in der Schweiz. D. Quaglio p. Lithographie, wie die Folgenden. gr. qu. fol.
127. Die Osteria. P. Hess p. qu. fol.
128. Wallachischer Pferdefang. Idem p. qu. fol. Bis zum Stichrand beschnitten und aufgezogen.
M. W. Holl.
129. An English Merry-Making in the olden Time. W. B. Frith p. qu. roy. fol. Capitalblatt in vorzüglichem Abdruck.

W. Hollar.
130. G. della Casa. Tizian p. fol. Parthey 1339. Guter zweiter Abdruck.

J. Houbraken.
131. W. Shakespeare. fol. Beschnitten.
132. H. Boerhaave. J. Wandelaar del. fol.

J. Jazet.
133. La Marche forcée. H. Bellangé p. Aquatinta. gr. qu. fol.

F. Jentzen.
134. Die Söhne Eduard's. T. Hildebrandt p. Lithographie, wie die Folgenden. qu. fol. Chines. Papier.
135. Vertheidigung einer Tyrolerfamilie im Kriege 1809. M. Müller p. Breslauer Kunst-Vereinsblatt. roy. fol. Chines. Papier.
136. Invalide und Todtengräber auf dem Kirchhofe. J. Becker p. gr. fol. Vor der Schrift und auf Chines. Papier.

S. Jesi.
137. Leo X. mit den beiden Cardinälen. Raphael p. gr. fol. Capitalblatt. Mit Nadelschrift.
138. La Madonna della Cattedrale di Lucca. Fra Bartolomeo p. gr. fol.

J. Keller.
139. Les saintes Femmes au Tombeau du Christ. A. Scheffer p. fol. Guter Abdruck.
140. Madonna mit dem Kinde. E. Jäger p. Düsseldorfer Kunstvereinsblatt. fol. Ebenso.

J. A. Klein.
141. Wagen mit Ochsen. A Napoli. 1824. qu. fol.
142. 4 Bl. Carretiere di Roma, die Maulthiertreiber etc. qu. fol. 1822, 1832. Meist auf Chines. Papier.

W. Kolbe.
143. 2 Bl. Die Ruhe des Hirten, und die zwei Badenden. Radirt, wie die Folgenden. gr. fol.
144. Das gehende Paar in der Landschaft. fol.
145. 2 Bl. Die Kühe im Schilfe. qu. fol.

R. J. Lane.
146. 2 Bl. High Life, und Low Life. (Hunde). E. Landseer p. Lithographien auf Chines. Papier. fol.

G. Langer.
147. 2 Bl. Aus den Nibelungen. J. Schnorr inv. Schmal qu. fol.

G. A. Lauro.
148. La Meditazione. Mädchen im Walde. qu. fol. Von zartester Ausführung.

J. P. Le Bas.
149. Le Pot au Lait. Ph. Wouwerman p. gr. qu. fol. Guter Abdruck, wie die Folgenden. Brüchig und aufgezogen.
150. La Chasse à l'Italienne. Idem p. gr. qu. fol. Bis zum Plattenrand beschnitten.
151. Les Traveaux champêtres. Idem p. qu. fol. Ebenso.
152. Depart de Chasse. C. Falens p. gr. qu. fol.
153. 2 Bl. Troisième et quatrième Féte Flamand. D. Teniers p. qu. roy. fol. Bis zum Plattenrand beschnitten und aufgezogen.
154. Les Philosophes Bacchiques. Idem p. qu. fol.
155. 3 Bl. aus der Folge der Seehäfen: Marseille, Bordeaux, Bandol. J. Vernet p. qu. roy. fol. Beschädigt.

C. Lefevre.
156. Jeanne d'Arragon. Raphael p. fol. Schöner Abdruck.

L. Lempereur.
157. Le Jardin d'Amour. P. P. Rubens p. gr. qu. fol. Schöner Abdruck, aber bis zum Plattenrand beschn.

G. Lewis.
158. The Otter Hunt. E. Landseer p. roy. fol. Im Rand rissig.
159. The Cover Hack. Pferde und Hunde im Stalle. Idem p. qu. roy. fol. Mit Nadelschrift. Bis zum Plattenrand beschnitten.
160. A distinguished Member of the Humane Society. Idem p. Kleinere Ausgabe. qu. fol. Mit Nadelschrift.

L. van Leyden.
161. 10 Bl. Verschiedene Darstellungen: der Magdalenentanz, Virgil im Korbe, die Musicirenden etc. qu. fol. u. 8. Theils matt und beschädigt, theils Copien.

C. A. Littret de Montigny.
162. Antoine de Malvin, de Montazet, Archevèque de Lyon.

Kniestück. L. M. Vanloo p. fol. Bis zum Plattenrand beschnitten.

G. Longhi.

163. Das berühmte Sposalizio. Raphael p. roy. fol. Alter Abdruck, vor der Inschrift am Tempel und mit dem Namen des Druckers Bardi. Bis zum Plattenrand beschnitten.

J. Lorichon.

164. Vierge du Palais de Bridge-Water. Raphael p. fol.

Claude Lorrain.

165. Die Landschaft mit der Holzbrücke. kl. qu. fol. Rob.-Dum. 14. 2. Abdruck.

A. Louis.

166. Napoleon. Halbfigur. P. Delaroche p. fol. Ein Hauptblatt in schönem Abdrucke.

G. Lüderitz.

167. Das trauernde Königspaar. C. F. Lessing p. Berliner Kunstvereinsblatt. gr. fol. Schöner Abdruck.

J. Matham.

168. Die Verstossung der Hagar. A. Bloemaert inv. fol. B. 63. 2. Abdruck. Beschädigt und aufgezogen.

169. Der Calvarienberg. A. Dürer inv. gr. fol. B. 97. Guter Abdruck, aber etwas fleckig.

T. Major.

170. The Death of the Stag. Ph. Wouwerman p. gr. qu. fol. Guter Abdruck, aber bis zum Stichrand beschnitten und aufgezogen.

E. Mandel.

171. La Madonna Calonna. Raphael p. fol. Schöner Abdruck.
172. A. van Dyck. Se ipse p. fol. Ebenso.
173. Carl I. Halbfigur. Idem p. gr. fol. Ebenso, aber im Rande Tintenflecke.

A. de Marcenay.

174. Tobie recouvrant la Vûe. Rembrandt p. fol. Guter Abdruck.

A. Masson.

175. P. Dupuis. M. Mignard p. fol. Rob.-Dum. 25. Bis zum Stichrand beschnitten.

H. Merz.
176. Das Narrenhaus. W. v. Kaulbach inv. gr. qu. fol. Guter Abdruck.

R. Morghen.
177. Franciscus de Moncada zu Pferde, genannt der Cavalier. A. v. Dyck p. gr. fol. 2. Abdruck dieses Hauptblattes.

Marin-Lavigne etc.
178. 2 Bl. Bernardo Strozzi, und die Pilger, nach Granet und Bonnefoy. Lithographie auf Chines. Papier. qu. fol.

J. Moyreau.
179. La Famille du Maréchal. Ph. Wouwerman p. qu. fol. Alter Abdruck, wie die Folgenden.
180. Quartier Général de L'Armée Hollandoise. Idem p. qu. roy. fol. Bis zum Plattenrand beschnitten.
181. L'Ecurie Hollandoise. Idem p. qu. fol. Ebenso.
182. Le Defilé d'Equipages. Idem p. qu. fol. Ebenso und aufgezogen.
183. Les Marquignons à la Foire. Idem p. qu. fol. Ebenso.

H. Mücke.
184. Die Aegyptische Maria, von Engeln getragen. Radirt. qu. fol.

J. G. Müller.
185. A. Graff. Se ipse p. fol. Guter Abdruck.
186. A. G. Spangenberg, Episcopus Fratrum. Idem p. fol. Bis zum Plattenrand beschnitten.

H. Mützel.
187. Die Schleichhändler im Walde. C. F. Lessing p. Lith. gr. qu. fol. Vor der Schrift auf Chines. Papier.

R. Nanteuil.
188. Jul. Mazarin. fol. Rob.-Dum. 180.
189. P. Seguier, Marquis de St. Brisson. fol. R.-D. 224. Bis zum Stichrand beschnitten.
190. F. Servien, Evesque. Ph. de Champagne p. fol. R.-D. 225. 3. Abdruck. Beschnitten.
191. Moses mit den Gesetztafeln. Idem p. R. Nanteuil und G. Edelinck sc. gr. fol. Späterer Abdruck, mit der Adresse von Drevet.

L. Noël.

192. Luther, Melanchthon, Pomeranus und Cruciger, bei der Bibelübersetzung. P. A. Labouchère p. Lith. gr. qu. fol. Chines. Papier. Der untere breite Rand etwas rissig.
193. F. Liszt, Halbfigur. A. Scheffer p. Lith. auf Chin. Papier. fol. Mit einem Wasserfleck im Rande.

H. Nüsser.

194. Das glückliche Alter. Alter mit Kind. R. Jordan p. Düsseldorfer Kunstvereinsblatt. qu. fol. Schöner Abdruck.

W. Oelschig.

195. Das Lootsen-Examen. Idem p. Ebenso. qu. fol.

F. Oldermann.

196. Die Heirathsvermittelung. C. Hübner p. Mezzotinto. Schlesisches Kunstvereinsblatt. gr. qu. fol.

A. van Ostade.

197. Der Tanz im Wirthshaus. qu. fol. B. 49.

F. Perrot.

198. 7 Bl. Marines et Combats. Seeschlachten. Teintées par A. Mayer. Lithographien in Farben. gr. qu. fol.

F. de Poilly.

199. Die Vision des Ezechiel. Raphael p. fol.

P. Potter.

200. 8 Bl. Folge von Ochsen und Kühen. Radirt. qu. 8. B. 1—8. Capitalfolge mit der Adresse von Clement de Jonghe.

H. Prudhomme.

201. Les Enfans d'Edouard. P. Delaroche p. gr. qu. fol. Schöner Abdruck dieses Hauptblattes; im breiten Papierrande wenig fleckig.

Z. Prevost.

202. Les Noces de Cana. Paul. Veronese p. qu. Imp.-fol. Schöner Abdruck dieses Capitalblattes, auf Chines. Papier.

J. B. Pyne.

203. 15 Bl. Sketches on the Danube in Hungary and Transylvania by G. Hering. Lith. in Tondr. fol. Nebst Titel. Mehrere Blätter fleckig.

L. F. Quaglio.
204. Portrait eines Geharnischten mit Feder-Baret. D. Velasquez p. Lith. in Tondruck. Oval. fol.

A. Raimbach.
205. Blind-Man's Buff. Blindekuhspiel. D. Wilkie p. gr. qu. fol.

C. G. Rasp.
206. Oliver Cromwell. Hüftbild. A. van Dyck p. Dresdener Gallerie. fol. Vor aller Schrift, bloss mit dem Wappen.

J. E. Ridinger.
207. 2 Blatt. Ein Hauptschwein in der Suhle, und Wilde Sauen im angelegten Saugarten. fol. u. qu. fol. Thienemann 168 u. 79.

J. T. Richomme.
208. Triomphe de Galatée. Raphael p. gr. fol. Guter Abdruck eines Hauptblattes.

G. P. Rugendas.
209. 6 Blatt. Reiter, meist aus der seltenen Folge in 4. Radirt.

J. Sacredam.
210. Judith ihrer Magd das Haupt des Holofernes reichend. L. van Leyden inv. fol. 2. Abdruck. Aufgezogen.
211. 1 Blatt aus der Folge der klugen Jungfrauen qu. fol. B. 4. Matt und aufgezogen.

W. Santer.
212. Ansicht einer Capelle am Rhein. D. Quaglio p. Lith. auf Chin. Papier. Schlesisches Kunstvereinsblatt. qu. fol. Brüchig.

E. E. Schäffer.
213. Einführung der Künste in Deutschland durch das Christenthum. Ph. Veit p. Frankfurter Kunstvereinsblatt. gr. qu. fol. Schöner Abdruck.
214. Genoveva. E. Steinbrück p. Düsseldorfer Kunstvereinsblatt. fol. Chin. Papier.

J. W. Schirmer.
215. Landschaft. Ruine u. Kirche. Lithographirt. kl. qu. fol. Selten.

216. 2 Bl. Italienische und deutsche Landschaft. Radirt. Düsseldorfer Kunstvereinsblätter. gr. qu. fol. Gute Abdrücke.

G. F. Schmidt.

217. C. F. Blume. J. M. Falbe p. fol. Jacoby 65. Beschädigt.
218. Christian August, Herzog von Anhalt. A. P.esne p. gr. fol. J. 66. Schöner Abdruck, aber bis an den Stichrand beschnitten.
219. A. Pesne. Se ipse p. fol. J. 69. Braun.
220. N. Esterhasi. L. Tocqué p. fol. J. 78. Braun und bis zum Stichrand beschnitten.
221. J. Mounsey. fol. J. 85. Guter Abdruck dieses äusserst seltenen und kostbaren Blattes. Leider bis an den Stichrand beschnitten.
222. Frederic Henry Louis Prince de Prusse. A. Vanloo p. gr. fol. J. 88. Schöner Abdruck, mit dem Stempel des Meisters und mit Bleistift bezeichnet: pour mon ami Mr. Wille.
223. Der grosse de la Tour. Se ipse p. gr. fol. J. 50. Bis zum Stichrand beschnitten.
224. Le Père de la Fiancée. Rembrand p. Radirt. fol. J. 129. Grau.
225. Graf Algarotti. Radirt. fol. J. 133. Seltener 3. Abdruck.

J. Schmuzer.

226. Neptune et Thetis. P. P. Rubens p. roy. fol. Schöner Abdruck, bloss mit der Adresse des Meisters.
227. Saint Ambrois et Théodose le Grand. Idem p. gr. fol. Bis an den Stichrand beschnitten.

A. Schroedter.

228. 6 Bl. Bilder zum Don Quixote. Radirt. fol. Vor der Schrift und mit Einfällen im Rande. In zwei Umschlägen.

J. K. Sherwin.

229. R. Lowth, Lord Bishop. Halbfigur. R. E. Pine p. fol. Ohne Plattenrand.

A. V. Sixdeniers.

230. 2 Bl. L'Arabe en Prière und La Poste au Désert. H. Vernet p. Aquatinta. gr. fol.

231. Pêcheurs attaqués par des Ours. F. Biard p. Aquatinta. gr. qu. fol. Etwas fleckig.

X. Steifensand.
232. Das Schäferpaar bei der Heerde. E. Bendemann p. Düsseldorfer Kunstvereinsblatt. qu. fol. Guter Abdruck.
233. Friedrich II. und Petrus de Vineis. J. Schrader p. Düsseldorfer Kunstvereinsblatt. qu. fol. Ebenso.

J. Sadeler.
234. 2 Bl. Jagden, nach J. Stradanus. qu. fol. Fleckig und beschnitten.

J. Stewart.
235. The Penny Wedding. D. Wilkie p. gr. qu. fol. Ein Hauptblatt. Der Rand rissig.

M. Steinla.
236. Die berühmte Madonna von Holbein in der Dresdner Gallerie. roy. fol. Capitalblatt, in vorzüglichem Abdrucke aus dem zweiten Hundert.

R. Strange.
237. Danae. Tizian p. qu. fol. Le Blanc 35. Guter Abdruck, aber bis zum Plattenrand beschnitten und etwas fleckig.

A. Strassgschwandtner.
238. Adler um einen verendeten Hirsch. F. Gauermann p. Lithogr. in Tondruck. gr. qu. fol.

N. Strixner.
239. Frauenportrait. A. C. 1577 p. Lith. in Tondr. fol.

J. Suyderhoef.
240. Das Messergefecht. G. Terburg p. qu. fol. Wussin 122.*) Guter Abdruck, aber bis zum Stichrand beschnitten, der Schriftrand ganz fehlend und aufgezogen.

H. v. Swanevelt.
241. 2 Bl. Das Stadtthor, und das Hospital. Radirt. qu. fol. B. 87 und 92.

L. Sullivan.
242. St. Anthony's Temptations. D. Teniers p. qu. fol. Schöner Abdruck.

---
*) Jonas Suyderhoef. Verzeichniss seiner Kupferstiche, beschrieben von Joh. Wussin, 1. Custos der k. k. Universitätsbibliothek in Wien. Leipzig 1861.

P. Tanjé.

243. Der Arzt. A. Correggio p. Dresdner Gallerie. fol.
244. Friedrich Heinrich, Prinz von Oranien. M. Miereveld p. fol.

J. Tempeltei.

245. Regen und Sonnenschein. Ansicht einer Fabrik in der Normandie. II. Watelet p. Lithographie auf Chines. Papier. gr. qu. fol.
246. Winterlandschaft. J. van der Eyken p. Lithographie auf Chines. Papier. qu. fol.

D. Teniers.

247. Die Bogenschützen. Radirt. qu. fol. Schöner früher Abdruck, mit der Adresse des Meisters. Etwas verschnitten.
248. Der Bauer mit Glas und Krug. 4. Guter Abdruck.

J. C. Thaeter.

249. Die Völkerscheidung. W. v. Kaulbach p. qu. roy. fol.
250. Rudolph von Habsburg wahret den Landfrieden. J. Schnorr p. Dresdener Kunstvereinsblatt. gr. qu. fol.

G. Thompson.

251. A Literary Party at Sir Joshua Reynolds. Mit Facsimiles. J. E. Doyle p. Punktirt. gr. qu. fol. Im breiten Papierrande rissig.

P. Toschi.

252. Lo Spasimo di Sicilia. Raphael p. roy. fol. Capitalblatt, mit dem Namen des ersten Druckers L. Bardi.
253. Madonna della Tenda. Idem p. fol. Schöner Abdruck.

C. Townley.

254. P. P. Rubens. Se ipse p. Schwarzkunst. fol. Bis zum Stichrand beschnitten.

E. Traviés.

255. 6 Bl. Todtes Geflügel aus der Folge: Souvenir de Chasses. Schön colorirte Lithographien. fol.

Unbekannt.

256. Seestück mit Schiffen. qu. fol. Verschnitten.

Joh. van de Velde.

257. 2 Bl. Landschaften aus der Folge. Schmal qu. fol.

J. Vendramini.
258. St. Sebastian. G. Spagnoletto p. fol. Guter Abdruck.
E. Verboeckhoven.
259. Schaaf mit zwei Lämmern. Radirt. qu. 4. Chines. Papier, schön und selten.
G. Vermeulen.
260. B. Bardi Magalotti. N. de Largillière p. gr. fol. Guter Abdruck, mit der Adresse des Meisters. Etwas fleckig.
C. Visscher.
261. Der Rattenfänger. fol. Späterer Abdruck, mit der Adresse F. de Wit. Beschnitten und aufgezogen.
J. G. van Vliet.
262. Brustbild eines Greises. Rembrandt inv. fol. B. 23. Vortrefflicher Abdruck, von H. Weber. Bis zum Stichrand beschnitten und mit einigen dünnen Stellen im Papier.
L. Vorsterman.
263. Die Anbetung der Hirten. P. P. Rubens p. qu. fol. Beschnitten und aufgezogen.
F. Wagner.
264. Hieronymus Holzschuher. A. Dürer p. fol. Schöner Abdruck auf Chines. Papier.
A. Waterloo.
265. Die grosse Linde. qu. fol. B. 113. Späterer Abdruck.
266. Die Landschaft mit dem schlafenden Hirten. qu. fol. B. 118. Alter schöner Abdruck, aber mit ausgebesserten Rissen.
267. Die Landschaft mit dem saufenden Hund. fol. B. 120. Schöner Abdruck.
268. Der Tod des Adonis. fol. B. 130. Späterer Abdruck.
F. E. Weirotter.
269. 2 Bl. Landschaften mit Hütten in Rembrandt's Manier. Radirt. qu. 4.
C. W. Weisbrod.
270. 2 Bl. Landschaften mit Viehherden, nach N. Berghem. qu. 4. Probedrücke vor der Vollendung von J. P. Le Bas. Ohne Plattenrand und ein Blatt fleckig.

B. Weiss.

271. Die betrübten Lohgerber. A. Schroedter p. Lithographie. fol. Fleckig
272. Die Mutter Rembrandt's, lesend. N. Maas p. Lithographie. fol.

A. Wengler.

273. Die Hündin. J. Ranftl p. Galvanographie. gr. fol. Im Rande fleckig.

E. Weixelgaertner.

274. Eine Alpe im Regen: Parthie in der Seeau bei Berchtesgaden. F. Gauermann p. Lithogr. in Tondruck. gr. qu. fol.

J. G. Wille.

275. 2 Bl. La Devideuse, und La Liseuse. G. Dow p. fol. Le Blanc 61 u. 62. Ersteres guter zweiter Abdruck, letzteres dritter Abdruck u. gewaschen.

M. Willmann.

276. Die Himmelfahrt der Maria. Radirt. gr. fol. Hauptblatt in gutem Abdruck, aber etwas beschädigt und ausgebessert.

W. Woollett.

277. Jacob and Laban. Claude Lorrain p. qu. roy. fol. Guter Abdruck dieses Capitalblattes.
278. Solitude. R. Wilson p. gr. qu. fol. Guter zweiter Abdruck. Bis zum Plattenrand beschnitten und etwas fleckig.
279. The Rural Cott. G. Smith p. gr. qu. fol. Guter 2. Abdruck.
280. The Fishery. R. Wright p. qu. fol. Unreiner Druck, ohne Plattenrand.
281. Les Agréments de l'Eté. J. Pillement p. qu. fol. Bis an den Stichrand beschnitten und ausgebessert.

Handzeichnungen.

(Die Namen des früheren Besitzers sind beibehalten.)

Tizian.

282. Männlicher Kopf mit Mütze. Kreide und Tusche. Von J. Piazzetta, vielleicht nach Tizian. fol.

J. H. Roos.

283. Ruhende Schaafe. Bleistift u. Rothstein. Neue Copie. fol.

D. Chodowiecki.
284. Portrait v. B. Franklin. Medaillon. Feder. 8. Unächt.

C. Dank.
285. Kaiser Karl V. im Kloster Estremadura in Spanien. Neue fleissige Aquarelle mit dem Namen. qu. fol.

A. Verveer.
286. Stadtansicht mit Thurm, Fluss und Figuren. Aquarelle. kl. qu. fol.

A. Achenbach.
287. Flussansicht mit vielen Schiffen und Boot-Mannschaft. Aquarelle. qu. fol.

R. Eberle.
288. Landschaft mit Widder u. Schaafen. Aquarelle. qu. fol.

M. v. Schwind.
289. Weibliche Figur mit Blumen auf einem Felsen, aus welchem eine Quelle springt. In farbigen Tuschen. fol.

Kupferwerke und Kunstbücher.
290. C. Reinhart, C. Dies, J. Mechau, Collection de Vues pittoresques de l'Italie. 72 Blätter. Nürnberg 1799. gr. fol. Schöne álte Abdrücke, ein grosser Theil mit Nadelschrift. Lederband mit Goldverzierung.
291. Ferd. Kobell, Radirungen. 178 Platten, nebst einem einleitenden Vorworte von F. Kugler. Stuttgart. fol. Ganzlwbd.
292. Albrecht Dürer — Album. Eine Sammlung der schönsten Dürer'schen Holzschnitte nach den von dem Künstler gefertigten Originalen in gleicher Grösse auf's neue in Holz geschnitten, und ausgeführt in dem Atelier v. J. Döring. Liefrg. 1—6, à 3 Bl. Nürnberg. fol.
293. Geiger, P. J. N., Bilder aus Geschichte und Sage des Erzherzogthums Oesterreich. 8 Bl. Lithographien mit Text. Wien 1845. fol. Lwdbd.
294. —— Geschichte Ungarns und Siebenbürgens in Abbildungen. 16 Blatt Lithographien nebst deutschen und ungar. Text. Wien. qu. fol. Lwdbd.
295. Raphael's Wandgemälde im Vatican. Picturae Raphaelis Sanctii Urbinatis ex Aula et Conclavibus Palatii

Vaticani ad Publicum Terrarum Orbis Ornamentum in aereas Tabulas nunc primum omnes deductae, Explicationibus illustratae Typisque editae. 19 Bl. von F. Aquila, Romae 1722. qu. fol. u. qu. roy.-fol. Späte Abdrücke. gr. qu. fol. Hlbwbd.
296. Thorwaldsen, Basrelief in Marmor ausgeführt. 24 Blätter nach Zeichnungen v. F. Overbeck v. P. Bettelini und D. Marchetti. Frankfurt 1838. qu. fol. Geheftet.
297. Deutsche Kunst in Bild und Lied. Originalbeiträge deutscher Maler und Dichter. Herausgegeben v. A. Böttger. I. Jahrgang 1859 mit Lithographien und Chromolithographien. Leipzig, J. G. Bach. 4. Geheftet.
298. Adam Kraft, Die sieben Stationen auf dem Wege nach dem St. Johanniskirchhofe zu Nürnberg, gezeichnet v. C. Heller, lithogr. v. Th. Rothbart. Nürnberg. 4. Geh.
299. Theodor de Bry, Admiranda Narratio fida tamen, de Commodis et Incolarum Ritibus Virginiae. Frankfurt 1590. fol. Lederband. Defect.
300. — Wappenbuch mit noch vielen andern Abbildungen. Frankfurt. qu. 8. Defect.
301. Der Teutsch Cicero mit Holzschn. v. H. Schäuflein und Andern. Augsburg 1535. fol. Lederband.
302. Albrecht Dürer. Unterricht von der Befestigung der Städte etc. Nürnberg 1525. fol. Pappbd. Defect.
303. Peter Kolben, Beschreibung des afrikanischen Vorgebirges der Guten Hoffnung, mit Kupfern. Nürnberg 1719. fol. Lederband.
304 a —d. Puttrich und G. W. Geyser, Denkmale der Baukunst des Mittelalters in Sachsen. Erste Abtheilung: Königreich Sachsen, und zweite Abtheilung: Königlich Preuss. Provinz Sachsen. Mit vielen Lithographien etc. Leipzig 1836—50. roy.-4. Vier Leinwandbände.
305 a — i. Füssli, allgemeines Künstlerlexikon. I. Theil in 2 Abtheilungen u. II. Theil in 12 Abtheilungen, nebst neuen Zusätzen. Erstes Heft. Zürich 1806—24. fol. 8 Halbfrzbde. und 1 Pappband.
306 a —n. J. Winkelmann's sämmtliche Werke, herausgegeben von J. Eiselein. 12 Bde. kl. 8. Donaueschingen 1825—29. Nebst Atlas in Lithogr. in fol.

307. 6 grössere Mappen mit Pergamentecken und Leinwandeinschlägen.

Kupferstiche.
A. Daleò.
308. Christus am Kreuz. G. Reni p. fol. Guter Abdruck.
A. Dürer.
309. Der grosse Satyr. fol. B. 73. Guter Abdruck, aber ganz beschädigt.
H. Goltzius.
310. Die Anbetung der Könige, in L. van Leyden's Manier. fol. B. 19. Guter Abdruck, aber etwas beschädigt und aufgezogen.
C. E. Hess.
311. Maximilian Joseph I., König von Baiern, in ganzer Figur im Krönungsornate. J. Stieler p. gr. fol. Schöner Abdruck; im rechten Rande ein kleiner Riss.
J. W. Kaiser.
312. Das Gastmahl beim Münster'schem Friedenschluss oder die Schutters-Maltyd, nach dem berühmten Gemälde v. B. van der Helst im Museum zu Amsterdam. qu. imp.-fol. Capitalblatt in gutem Abdrucke.
Ach. Martinet.
313. Le Sommeil de Jésus. Raphael p. gr. fol. Schöner Abdruck.
H. Merz.
314. Die Zerstörung Jerusalems. W. v. Kaulbach p. qu. imp.-fol. Capitalblatt in schönem Abdrucke auf Chines. Papier. Der äussere Papierrand etwas brüchig.
C. A. Porporati.
315. Der Tod Abel's. A. van der Werff p. gr. fol. Ziemlich guter Abdruck mit der Adresse des Meisters.
F. Weber.
316. Italienerin am Brunnen. N. de Keyser p. fol. Schöner Abdruck, aber im breiten Papierrande etwas wasserfleckig.

W. Witthöft.

317. Weihnacatsabend. M. Müller p. Tondruck. fol. Guter Abdruck.

J. Aliamet.

318. 2 Bl. Arrivée au Sabat, und Depart pour le Sabat. D. Teniers p. fol.

S. Amsler.

319. Joseph's Traumdeutung vor Pharao. P. v. Cornelius inv. Hannöversches Kunstvereinsblatt. qu. fol. Schöner Abdruck. Unbedeutend fleckig.

F. Anderloni.

320. Portrait von Herder. G. Kügelgen p. 4. Guter Abdruck.

J. J. Balechou.

321. La Force. J. M. Nattier p. qu. fol.

J. F. Bause.

322. Christuskopf. G. Reni p. und Oeser del. Radirt und Aquatinta. fol. Keil 5.
323. Ferdinand Herzog von Braunschweig. G. F. Haenisch p. fol. K. 137.
324. C. G. H. v. Hoym. J. Bardou p. fol. K. 148.
325. R. A. Schubart. A. F. Oeser p. fol. K. 199.
326. S. Gessner. A. Graff p. fol. K. 190.
327. J. G. Boehme. Idem p. fol. K. 207.
328. Christine Henriette Koch. Idem p. fol. K. 189.

J. F. Beauvarlet.

329. 2 Bl. Le Départ, und L'Arrivée du Courier. F. Boucher p. fol. Spätere Abdrücke. Die Ränder brüchig

Blanchard, père.

330. S. Juste. B. Murillo p. fol. Schöner Abdruck mit Nadelschrift und auf Chines. Papier.

L. Calamatta.

331 Lisa Gioconda. L. da Vinci p. gr. fol. Ein Hauptblatt in gutem Abdruck auf Chines. Papier.
332. George Sand (Mad. Dudevant). fol. Ebenso.

P. Chigi.

333. Dante und Beatrice. F. Agricola del. qu. 4.

J. Cornilliet.

334. Rubens. Se ipse p. Aquatinta. fol.

J. Daullé.

335. Charles Eduard Stuard, gen. der Pretendent. (J. G. Wille sc. Le Blanc 149.) fol. Schöner Abdruck.
336. Marguerite de Valois, Comtesse de Caylus. H. Rigaud p. fol. Beschnitten und aufgezogen.

V. Desclaux.

337. L'Amateur de Tableaux. J. Meissonier p. fol. Guter Abdruck.
338. Le Hallebardier. Idem p. 4. Ebenso, auf Chin. Papier.

P. Drevet.

339. Ludovicus Augustus, Dombarum Princeps. F. de Troy p. fol. Schöner Abdruck.

H. Droehmer.

340. Die Ehebrecherin vor Christus. H. Plockhorst p. Mezzotinto. gr. fol.

H. Dupont.

341. L'Ensevelissement du Christ. P. Delaroche p. gr. qu. fol.
342. La Vierge et l'Enfant Jésus. Raphael del. fol.
343. Ary Scheffer. F. L. Benouville p. fol. Chines. Papier.

J. Fanoli.

344. La Vierge au Jardin. Th. Deschwanden p. Lithogr. auf Chines. Papier. qu. fol.

J. Fleischmann.

345. Rembrandt. Se ipse p. Radirt und Aquatinta. fol Etwas fleckig.

G. Garavaglia.

346. Hagar und Ismael. F. Barroccio p. fol. Guter Abdruck.
347. Carolus Magnus. 4. Guter Abdruck, ohne Plattenrand.

F. C. Geyser.

348. Der Tod des Socrates. F. Verdier del. Aquatinta. qu. fol.

P. S. Habelmann.

349. Der grosse Kurfürst in der Schlacht bei Fehrbellin. A. Eybel p. gr. qu. fol. Vorzüglicher Abdruck vor der Schrift und auf Chines. Papier.
350. 2 Bl. Friedrich der Grosse bei der Huldigung der Stände Schlesiens. A. Menzel p. Schlesisches Kunstvereinsblatt. gr. qu. fol. Nebst Erklärungsblatt.

J. Hammer.

351. Innere Ansicht des Domes zu Erfurt. M. Hauschild p. fol.

F. Hegi.

352. 2 Bl. Schweizerlandschaften mit Hirten u. Vieh. Radirt. qu. 4.

W. Hollar.

353. 12 Köpfe nach L. da Vinci. qu. 8. Parthey 1610. Guter Abdruck.

F. Keller.

354. Tod des Kaisers Friedrich Barbarossa. A. Rethel del. Düsseldorfer Kunstvereinsblatt. qu. fol.

J. Kohl.

355. Friedrich der Grosse. Brustbild in Medaillon mit Umgebung. fol. Vor dem Namen des Stechers.

A. Krüger.

356. Parthie bei Albano mit Hirten u. Heerden. J. Schnorr del. Chines. Papier. qu. fol. Selten.

T. Langer.

357. 2 Bl. Die Giebelfelder am königl. Hoftheater zu Dresden, nach E. Rietschel. Dresdner Kunstvereinsblätter. Auf Chines. Papier. Schmal qu. imp.-fol. Brüchig.

N. Larmessin.

358. Raphael und sein Fechtmeister. Raphael p. fol.

A. Lefèvre.

359. Jeanne D'Arragon. Raphael p. fol. Guter Abdruck.

J. Levasseur.

360. 2. Bl. Ruth und Naemi, und Jacob und Rahel. A. Scheffer p. Oben gerundet. fol. Ebenso.

F. Lignon.
361. Le Christ au Roseau. G. Reni p. fol. Guter Abdruck, mit einem Fleck im Rande.

J. Longhi.
362. Männlicher Kopf mit Krause u. Mütze. Rembrandt p. Radirt. kl. 4.

G. Lüderitz.
363. Die Kinder Eduard's. T. Hildebrandt p. qu. fol. Chines. Papier.
364. Sonntag Nachmittag. Landleute mit Kindern. J. G. Waldmüller p. Mezzotinto. gr. fol. Guter Abdruck.
365. La petite Friponne. J. G. Meyer von Bremen p. Mezzotinto. gr. fol. Ebenso.

J. Mason.
366. Landschaft mit Figuren. G. Poussin p. qu. fol.

C. Maurer.
367. Reichthum und Armuth. Radirt. fol. B. 2. Seltener Abdruck in Braun.
368. Judith mit dem Haupte des Holofernes. Radirt. 8. Fehlt Bartsch.

P. Mercury.
369. St. Amélie. P. Delaroche p. gr. 4.
370. Christophe Colomb. 4. Guter Abdruck.

J. B. Meunier.
371. Louis XVII. au Temple. G. Wappers p. fol. Guter Abdruck.

F. Müller.
372. J. M. Notter. F. Hetsch p. fol.

F. Müller (der Jüngere).
373. Raphael. Brustbild. Se ipse p. 4. Vor der Schrift.
374. Calvin. Halbfigur. H. Holbein p. fol. Guter Abdruck.

F. Müller. (Maler Müller.)
375. 5 Bl. aus der Folge der Schweine. Radirt. qu. 8.

J. G. von Müller.
376. Portrait von J. G. Wille. J. B. Greuze p. fol. Etwas fleckig.

377. F. M. de la Tour d'Auvergne. fol.
378. F. L. Graf zu Stollberg. J. C. Rincklake p. fol.
379. La petite Javotte. P. A. Wille del. 4.

G. Nordheim.

380. Die Schlacht von Bunkers-Hill. J. Trumbull p. gr. qu. fol. Der Rand rissig.

F. Oldermann.

381. Der Liebesgarten. P. P. Rubens p. Mezzotinto. qu. roy.-fol. Schöner Abdruck vor der Schrift.
382. Frauen mit Kindern bei einem Heuwagen. In Oldermann's Manier. Mezzotinto. gr. fol. Vor aller Schrift.

P. Pelée.

383. Le Président Duranti. P. Delaroche p. gr. fol.

J. Pichard.

384. Molière chez son Barbier. H. Vetter p. Aquatinta. qu. fol.

G. M. Preissler.

385. E. van der Neer, Maler. Se ipse p. fol. Vor der Schrift.

Z. Prevost.

386. Le petit Mendiant. P. Delaroche p. Rund fol.

J. C. Reinhart.

387. Der junge Mann und die Juden. Radirt. fol. Seltener Abdruck in Braun.

Rembrandt.

388. Rembrandt mit der Schärpe. Radirt. 4. B. 17. Aelterer Abdruck, etwas beschädigt.

O. P. Runge.

389. 4 Bl. Die Tageszeiten. Religiöse allegorische Darstellungen in Umrissen und leicht schattirt. gr. fol.

E. Schaeffer.

390. Die Unterwelt mit Orpheus u. Eurydice. P. v. Cornelius inv. qu. roy. fol. Schöner u. seltener Abdruck mit Nadelschrift u. auf Chines. Papier.

G. F. Schmidt.

391. F. B. Oertel. fol. J. 68. Schöner Abdruck.
392. J. Law. H. Rigaud p. 4. J. 21. Seltener Abdruck vor der Schrift.

E. Stölzel.
393. Sofronia e Olinda aus Tasso. F. Overbeck inv. qu. roy.-fol. Vorzüglicher Abdruck vor aller Schrift und auf Chines. Papier.
394. Des Künstlers eigenes Portrait. Radirt. 4.

J. Suyderhoef.
395. T. Bartholinus, Medicus. C. v. Mander p. Aus dem Buche. 8. Wussin 8.

J. Tardieu.
396. Gedéon Baron de Loudon. A. Gillis p. 4.

R. Trossin.
397. Marie Seebach. L. Rosenfelder del. Mezzotinto. Oval 4.

J. G. Wagner.
398. Der Abschied des Müllers. C. Reinhart del. qu. fol

J. Werner.
399. Friedrich der Grosse an der Tafel zu Sansouci mit Voltaire und Andern. A. Menzel p. Aquatinta. roy.-fol. Schöner Abdruck vor der Schrift und auf Chines. Papier.

J. G. Wille.
400. Soeur de la bonne Femme de Normandie. P. A. Wille del. 4. Le Blanc 72. Guter Abdruck.
401. Marguerite Elisabeth Largillière. N. de Largillière p. fol. Le Blanc 146. Braun und Oben etwas brüchig.

Handzeichnung.
D. Quaglio.
402. Ansicht eines Schlosses mit Parkanlagen. Sepiazeichnung. qu. fol. Schön ausgeführte Zeichnung.

Bildwerke.
403. 4 Bl. Aus den Schönheitensammlungen. Frauenportraits nach J. Stieler, gest. von Schultheis u. Fleischmann. Mezzotinto. No. 25, 26, 29 u. 30. fol. In Umschlag.
404. L'Oeuvre de Pierre-Paul Rubens in Photographien 18 Bl. Brüssel. fol. In Umschlag.

405. Griechenlands Schriftsteller und acht Büsten des Vaticans, in Lithographien. Leipzig 1830. 2 Hefte. 1.
406. Holzschnitte zur Taschenausgabe von Schiller's Werken. 4 Lfgn. Stuttgart 1839—40. 8.
407. 48 Bl. Diverse Photographien nach älteren und neueren Künstlern, dabei auch Portraits in verschiedenem Format. Einige Blätter mehrfach.
408. Portrait von Hans Pfaffroth. Photographie nach A. Dürer. 8.
409. 14 Bl. Verschiedene Kupferstiche, Farbendrucke, Holzschnitte etc. 4. fol. u. qu. fol.

Kupferstiche.
A. Bartsch.
410. Les Chevaux en Repos. Ph. Wouwerman p. qu. fol. Guter Abdruck.

Albrecht Dürer.
411. Christus am Oelberge. Geätzt. fol. B. 19. Späterer Abdruck.

J. Louis.
412. Der Fleischer. W. Kalf inv. 4.

J. E. Ridinger.
413. 2 Bl. St. Joseph, und Mater Dei auf Wolken. J. E. Ridinger inv., fecit et exeud. gr. 8. Diese Blätter fehlen in Thienemann's Verzeichniss der Ridinger'schen Kupferstiche.
414. 2 Bl. Pastor bonus, und S. Johannes Baptista, in ganzen Figuren. gr. 8. Diese ebenfalls ächten Blätter, aber ohne Namen des Meisters, fehlen demselben ebenfalls.

Verschiedenes.
415. 13 Bl. Die Köpfe aus dem Abendmahl des L. da Vinci. Reliefstiche. 4. geheftet.
416. 8 Bl. Die Flasche, nach G. Cruikshank in Holz geschnitten. qu. 4. Geheftet.
417. 78 Bl. Portraits und Köpfe. Meist Lithographien in verschiedenem Format.
418. 127 Bl. Prospekte und Landschaften. Ebenso.

419. 101 Bl. Verschiedene Darstellungen. Ebenso.
420. 30 Bl. Dergleichen. Ebenso.
421. 13 Bl. Stereoskopenbilder.

Kupferstiche.

J. van Aken.
422. Die Reisenden. II. Sachtleven inv. qu. fol. B. 21. Späterer Abdruck.

P. Aubry.
423. 24 Bl. Strassburger Trachtenbüchlein. 1668. Zum Theil Copien nach W. Hollar. 8.

B. Beham.
424. 2 Bl. Die heilige Jungfrau mit dem Papagei, und der heilige Christoph. 8. B. 7 u. 10. Matt.

H. S. Beham.
425. 2 Bl. Das Missgeschick. 8. B. 141. Unreiner Druck, nebst Copie, letzteres beschädigt.

N. Berghem.
426. 17 Bl. Viehstücke aus verschiedenen Folgen dabei zwei, Copien. fol. qu. 8.

G. Bleker.
427. Der zweirädrige Wagen. qu. fol. B. 11. Guter Abdruck, etwas fleckig.

J. F. v. Bloemen.
428. 4 Bl. Die Gartenansichten. fol.

C. Boel.
429. Bauern in der Stube. D. Teniers inv. qu. fol.

J. Bonasone.
430. Merkur und Minerva. Oval fol. B. 168. Fleckig.
431. Das öffentliche Bad. qu. fol. B. 177. Ebenso.

S. Bourdon.
432. Die Madonna mit dem Vogel. qu. 4. Rob.-Dum. 21. Erster Abdruck.

G. Busse.
433. 4 Bl. italienische Ansichten. Chines. Papier. qu. fol-

S. Cantarini.
434. Der grosse heilige Antonius. fol. B. 25. 2. Abdruck.

G. Carpioni.
435. Der heil. Hieronymus. fol. B. 12.

A. Carracci.
436. Der englische Gruss, nach Tizian. Copie nach Caraglio's Stich, mit der Adresse Rascicoti. f. Dem Meister zugeschrieben, fehlt B. Aufgezogen u. mit einer Falte.
437. Christi Himmelfahrt. D. Tibaldi inv. fol. B. 25.

H. Carracci.
438. St. Franciscus. 8. B. 15. Fleckig.

B. Castiglione.
439. Die Thiere ziehen in die Arche. qu. fol. B. 1. Späterer Abdruck.

D. Chodowiecki.
440. 12 Bl. moralischen u. satyrischen Inhalts kl. 8. Engelmann 231. Sehr seltene Aetzdrücke auf einem unzerschnittenen Bogen.
441. 14 Bl. verschiedene Darstellungen, dabei die Dienstboten aus Lichtenberg. In verschiedenem Format.

Claude Lorrain.
442. Der Räuberüberfall. kl. qu. fol. B. 12. 3. Abdruck.

M. Dorigny.
443. St. Magdalena. F. Vouet p. fol. Rob.-Dum. 122.

L. F. Dubourg.
444. Landschaft mit zwei Figuren. qu. 4.

A. van Everdingen.
445. 4 Bl. Landschaften. qu. 4. Spätere Abdrücke.

R. Eynhoudts.
446. Madonna von Heiligen verehrt. P. P. Rubens p. fol.

B. Franco.
447. Moses schlägt Wasser aus dem Felsen. gr. qu. fol. B. 2.
448. Die Sündfluth. qu. fol. B. App. 3. Ausgebessert u. aufgezogen.

L. Giordano.
449. St. Anna. fol. B. 6. Späterer Abdruck.

H. Goltzius.
450. 12 Bl. Die Passion. 4. B. 27—38. Matte späte Drucke mit der Adresse von de Wit.

G. Hardorff.
451. 7 Bl. Köpfe, Figuren etc. 8. qu. 8.

W. Hollar.
452. Elisabetha Villiers, Ducessa de Lenox. A. v. Dyck p. fol. Parthey 1457. 3. Abdruck mit der Adresse von J. Meysens.

J. Koch.
453. Der Schwur der Franzosen bei Montenesimo. Schmal gr. qu. fol.

W. Leeuw.
454. Die Schmerzens-Maria. P. P. Rubens inv. fol.

J. Livens.
455. St. Antonius. 4. B. 8.
456. Die Bauern und der Tod. Todtentanzscene. qu. fol. B. 52.

A. Mantegna.
457. Der Kampf der Seegötter. qu. fol. B. 18. Alter Abdruck, aber sehr beschädigt und verschnitten.

C. Maratti.
458. 4 Bl. heilige Darstellungen. 4.

Marc-Anton.
459. Die Marter der heil. Felicitas. Raphael inv. qu. fol. B. 117. Späterer Abdruck, die Adresse ausradirt.
460. Gott befiehlt Noah die Arche zu bauen. Idem inv. fol. B. 3. Photographie.
461. Dido. Idem inv. 4. B. 187. Photographie.

Marco di Ravenna.
462. Das Gericht des Todes. B. Bandinelli inv. qu. fol. B. 425. Späterer Abdruck.

H. Mauperché.
463. 2 Bl. Landschaften. qu. 8. Rob.-Dum. 30 u. 32. 1. Abdrücke.

Meister mit dem Würfel.
464. 32 Bl. Geschichte der Psyche. Raphael inv. qu. fol. B. 39—70. Aeltere 3. Abdrücke.

Cl. Mellan.

465. Der Tod des heil. Alexis. gr. fol. Montaiglon 19.
466. St. Theresia. gr. fol. M. 105.

J. Miele.

467. Der Hirt. qu. fol. B. 1. Späterer Abdruck.

J. F. de Neve.

468. 2 Bl. Landschaften. qu. fol. B. 2 u. 6. Fleckig.

J. Ossenbeeck.

469. Das Volksfest bei der Caffarella. qu. fol. B. 25. 2. neuer Abdruck.

A. v. Ostade.

470. 2 Bl. Bauer u. Bäuerinnen. Brustbilder. kl. 8. B. 1 u. 2. Schöne und sehr seltene erste Abdrücke vor den Namen und vor den Bordüren.
471 a. 2 Bl. Bauernbrustbilder. 8. B. 3 u. 4. Spätere Abdrücke.

G. Panneels.

471 b. 7 Bl. mythologische und andere Darstellungen nach Rubens. 4. 8. qu. 8. Dabei einige Gegendrücke.

M. Plensky.

472. 5 Bl. Studien von Köpfen und Figuren. 8. qu. 8.

G. Reni.

473. Das Almosen des heil. Rochus. H. Carracci inv. qu fol. B. 53. Guter zweiter Abdruck.

J. H. Roos.

474. 4 Bl. aus der Folge der Thierstücke. 4. B. 23, 24, 26 u. 27. Ein Blatt beschädigt.

S. Rosa.

475. Der Genius des S. Rosa. gr. fol. B. 24. Guter alter Abdruck, aber etwas fleckig.

G. F. Schmidt.

476. Die Prinzessin von Oranien. Rembrandt p. gr. 4 Jacoby 147. Schöner Abdruck, etwas fleckig.

V. Solis.

477. 4 Bl. Arabesken von V. Solis und A. Schmal 8.

N. Strixner.

478. Mann und Frau mit Kind. Raphael p. Oval fol.

D. Teniers.
479. Bauer und Bäuerinnen in Unterredung. qu. fol. Fleckig.

P. Testa.
180. Die Taufe des Achilles. qu. fol. B. 21. 4. Abdruck. Die Adresse zugelegt.

L. v. Uden.
181. Die Landschaft mit den Hirtinnen. P. P. Rubens p. qu. fol. B. 58. Matter Abdruck.

A. van de Velde.
182. 8 Bl. aus der Folge der Ochsen u. Kühe. qu. 4. B. 3—10.

Joh. van de Velde.
483. 18 Bl. Brustbilder von Bauern. Das letzte Blatt, der Tod mit Pfeil und Sanduhr. Mit Titel: Spiegel etc. Vanitas Vanitatum etc. 4. Selten.

E. Vico.
484. Kinderbacchanal: Mehrere tragen ein Reh. Michel Angelo inv. qu. fol. B. 18. Guter alter Abdruck.

F. Villamena.
485. Silen mit Faunen. H. Carracci inv. qu. fol.

A. Waterloo.
486. 6 Bl. Landschaften. qu. 4 B. 48, 49, 52, 54, 60 u. 63. Späte Abdrücke.
187. 6 Bl. Dergleichen aus der seltenen Folge. B. 95, 98, 101—103 u. 105. Gemischte Abdrücke, einige schön.
488. 2 Bl. Dergleichen. qu. fol. B. 113, 116. Späte Abdrücke.
489. 5 Bl. Dergleichen. fol. B. 119, 120, 122—124. Meist späte Abdrücke.
490. 4 Bl. Dergleichen mit mythologischen Darstellungen. fol. B. 125, 126, 128 u. 130. Ebenso.

N. van Werd.
491. Portrait von Jacob Bochme mit reichen allegorischen Umgebungen. gr. fol.

J. G. Wille.
492. La Devideuse. G. Dow p. Le Blanc 61. Schöner Abdruck, aber fleckig.

Holzschnitte.

U. da Carpi.

493. Petrus predigend. Polidoro inv. qu. fol. Clair-obscur. B. 25. 2. Abdruck.

A. da Trento.

495. Die Marter der heil. Petrus u. Paulus. F. Parmeggiano inv. cl. obsc. qu. fol. B. 28. Ausgebessert.

A. Andreani.

496. Die heil. Familie. Idem inv. fol. B. 24. cl. obsc. 2. Abdruck.
497. Die Tugend und die Laster. J. Ligozzi inv. wie die folgenden. gr. fol. B. 9. 2. Abdruck.
498. Madonna mit dem Kind und Heiligen. Idem inv. fol. B. 27. Ein Hauptblatt in schönem ersten Abdruck.
499. Eva. D. Beccafumi inv. gr. fol. B. 1. Selten.
500. Der Raub der Sabinerinnen. G. da Bologna inv. fol. B. 2. Schöner Abdruck, aber verschnitten.
501. Christus vor Pilatus. Idem inv. In 2 Blättern. gr. fol. B. 19. Von verschiedener Farbe und 1 Bl. beschädigt.

B. Montagna (?).

502. 3 Bl. Johannes der Täufer etc. Holzschnitte. Aus Büchern. 8. u. qu. 8. 2 Blatt Copien.

P. Morelse.

503. Amor mit den beiden Frauen. Clair-obscur. qu. fol. Aufgezogen und fleckig.

Convolute.

504. 99 Bl. Diverse Kupferstiche und Radirungen von älteren und neueren Künstlern, in verschiedenem Format.
505. 45 Bl. diverse Portraits in Kupferstichen u. Schwarzkunstblättern von älteren Künstlern.
506. 29 Bl. Lithographien: Odalisken, Najaden etc. Meist in Farben in verschiedenem Format.

Kupferstiche.

P. Aveline.

507. Noah mit den Thieren bei der Arche. B. Castiglione p. qu. fol. Fleckig.

F. Bartolozzi.

508. Clytic. H. Carracci p. gr. fol. Guter Abdruck, der Rand gebräunt.
509. A Bacchant. Roth punktirt. Oval 4.

A. Bartsch.

510. 8 Bl. Viehstücke nach H. Roos, A. v. d. Velde u. A. fol. u. qu. fol.
511. 14 Bl. Copien nach sehr seltenen holländischen Radirungen zum Peintre Graveur. qu. fol. Alte Abdrücke, ein Theil auf Tonpapier.

J. F. Bause.

512. J. B. Basedow. 4. Keil 184. Alter Abdruck, wie die Folgenden.
513. J. A. Ernesti. A. Graff p. fol. K. 162.
514. Doris. (A. D. Lange.) 8. K. 173. Selten.
515. C. Wilhelmi. C. A. Schwarz p. fol. K. 243.
516. Dasselbe.
517. 2 Bl. Dasselbe. Zweimal.
518. C. G. Wendler. fol. K. 247.

M. Benedetti.

519. Die heil. Familie bei der Palme. Raphael p. Punktirt. gr. fol.

S. Bianchi.

520. 12 Bl. Die Apostel. Li dodici Apostoli dipinti dal celebre Raffaele d'Urbino nella Chiesa delle tre Fontane in Roma. fol.

A. de Blois.

521. Die Kranke und der Arzt mit der Klystierspritze. J. Steen p. Schwarzkunst. fol.

S. à Bolswert.

522. Herodias. P. P. Rubens p. fol. Beschnitten und aufgezogen.

F. Bortignon.

523. Elisabeth mit Johannes. A. del Sarto p. fol.

J. A. Brambilla.

524. Die Engelsburg mit dem Feuerwerk. (La Girando') Radirt. gr. fol. Selten.

Th. de Bry.

525. 3 Bl. Die runden Arabesken mit den Portraits von

Wilhelm von Oranien, Herzog Alba etc. 4. Ein Blatt fleckig.

J. Callot.
526. 41 Bl. Verschiedene Darstellungen aus Folgen. 8., 4 und qu. fol. Zum Theil beschädigt.

D. Chodowiecki.
527. 19 Bl. Verschiedene Darstellungen: dabei Ziethen, sitzend vor seinem König. In verschiedenem Format Meist späte Abdrücke, einige nach ihm.

P. P. Choffard.
528. Mädchen mit Liebhaber im Fenster. P. A. Baudouin p. fol.

J. Corot.
529. La Vierge au Lézard. G. Romano p. (Raphael inv.) fol. Guter Abdruck.

L. Cranach.
530. Die Versuchung des heiligen Antonius. Holzschnitt. fol. B. 16.

D. Cunego.
531. S. Andreas Apostolus. G. Cagnacci p. fol.
532. 2 Bl. St. Maria Magdalena und Mater amabilis. G. Reni p. fol.

Nachfolgende aus dem bekannten schönen Werke der Schola italica von Hamilton, gestochen von Cunego, Volpato, Capellan u. A. In alten guten Abdrücken.

533. Das Titelblatt mit Figuren, nach Michel Angelo. gr. fol.
534. Die Erschaffung Adam's. Idem p. qu. fol.
535. Die Austreibung aus dem Paradies. Idem p. qu. fol.
536. Die Erschaffung der Eva. Idem p. qu. fol.
537. Die Bescheidenheit und die Eitelkeit. L. da Vinci p. fol.
538. Die Darstellung im Tempel. Fra Bartolomeo p. fol.
539. Die Geburt des Johannes. A. del Sarto p. qu. fol.
540. Galatea. Raphael p. fol.
541. La Fornarina. Idem p. fol.
542. Alexander und Roxane. Idem inv. qu. fol.
543. Die Sibyllen. Idem p. qu. fol.
544. Meleager und Atalanta. G. Romano del. qu. fol.
545. Perseus und Andromeda. Polidoro p. qu. fol.
546. Das Opfer. Idem p. qu. fol.

547. Die Verlobung der heiligen Catharina. F. Parmeggiano p. fol.
548. Moses. Idem p. fol.
549. Die Verlobung der heiligen Catharina. A. Correggio p. fol.
550. Christus am Oelberge. Idem p. qu fol.
551. Die Ruhe der heiligen Familie. F. Barocci p. fol.
552. Mann und Frau in Unterredung. B. Giorgione p. fol.
553. Das Gastmahl mit der Sünderin. Paul Veronese p. qu. fol.
554. Die Hochzeit zu Cana. J. Tintoretto p. qu. fol.
555. Kopf eines Greises. J. Bassano p. 4.
556. Jupiter und Antiope. J. Palma p. fol.
557. Die Providentia. L. Carracci p. fol.
558. Die Geburt Johannes des Täufers. Idem p. qu. fol.
559. S. Magdalena. H. Carracci p. qu. fol.
560. Apollo und Silen. Idem p. qu. fol.
561. Galatea. A. Carracci p. qu. fol.
562. Der Tod der heil. Cäcilia. D. Dominichino p. fol.
563. Apollo und Hyacinth Idem p. qu. fol.
564. S. Magdalena. G. Reni p. foi.
565. S. Hieronymus. Idem p. fol.
566. Lot mit seinen Töchtern. Idem p. qu. fol.
567. Der verlorne Sohn. F. Guercino p. qu. fol.
568. Die Nereiden. F. Albani p. qu. fol.
569. Orco, Lucina und Norandino. J. Lanfranco p. qu. fol.
570. Die Spieler. M. A. da Caravaggio p. qu. fol.

R. Daudet.

571. 2 Bl. Landschaften mit Staffagen. C. Poelemburg u. Ph. Wouverman p. qu. fol. Schöne Abdrücke vor der Schrift.

C. W. E. Dietrich.

572. 13 Bl. Landschaften etc. Radirt. In verschiedenem Format. Späte Abdrücke.

A. C. Dies.

573. 2 Bl. Villa Mecenate, und Lago in Villa Borghese. fol. u. qu. fol. Ersteres mit Nadelschrift.

P. Drevet.

574. Christus am Kreuz. J. Jouvenet p. fol. Bloss mit des Stechers Adresse und ihm zugeschrieben.

J. Dorner.
575. Zwei Köpfe. Radirt. qu. 8.

Dreyer und Menken.
576. 26 Bl. Thierstücke und Fabeln aus Hennink der Hahn und Reinecke Fuchs. Theils radirt, theils lithogr. 8., 4. und qu. fol.

J. D. (Johann Dürer?)
577. Mars. Copie nach H. Aldegrever. 8. B. Tome VIII. Pag. 541. No. 2. Fleckig und aufgezogen.

A. Dürer.
578. Christus am Oelberge, aus der Passion. 8. B. 4. Guter Abdruck, aber etwas verschnitten und aufgezogen.
579. Die Marter der Zehntausend. Holzschnitt, wie die Folgenden. fol. B. 117. Später Abdruck.
580. Das jüngste Gericht. fol. B. 124. Alter Abdruck, aber etwas ausgebessert.
581. Die heilige Familie. fol. B. App. X. Selten. Mit kleinen Ausbesserungen.
582. S. Martin. fol. B. App. 18. Guter 2. Abdruck.
583. 2 Bl. St. Catharina und S. Barbara. fol. B. App. 24 und 25. Ebenso.
584. Die Hexen, nach H. B. Grün. fol. B. App. 35. Später Abdruck.
585. 2 Bl. Das Bad und Herkules. fol. B. 127 u. 128. Ersteres sehr schöner Abdruck; letzteres sehr fleckig und beschädigt.

G. Edelinck.
587. R. Poisson als Crispin. T. Netscher p. fol. Rob.-Dum. 299. 4. Abdruck.

J. C. Erhard.
588. Russisches Militair. Radirt. qu. fol.

G. S. und J. G. Facius.
589. 2 Bl. Sophonisba, und Phoenissa. A. Kauffmann p. Punktirt. Oval. fol.
590. The Birth of Venus. J. Barry p. Ebenso. Oval. fol.

M. Fennitzer.
591. M. Lochmann, Arzt in Nürnberg. Halbfigur. Schwarzkunst. 4. Selten.

G. A. Forsman.
592. Lord Nelson. Brustbild. Mit Facsimile. 4.
F. Gawet.
593. 2 Bl. Waldparthien in Molitor's Manier. Radirt. gr. qu. fol.
A. Glockenton.
594. 6 Bl. aus der Passion. 4. B. 3, 4, 5, 7, 11 u. 12. Meist aus dem Buche.
W. F. Gmelin.
595. Le Monument de S. Gesner à Zuric. H. Wüst p. gr. qu. fol.
596. 6 Bl. Vues d'Italie. qu. fol. In Umschlag.
C. G. Geyser.
597. Das Johannisfest. N. Knupfer p. qu. 4.
L. E. Grimm.
598. 49 Bl. Darstellungen aus dem Leben: Köpfe, Thiere, Landschaften etc. Radirt. In verschiedenem Format.
M. Haas.
599. Prinz Friedrich von Dänemark. C. Hoyer del. fol.
W. Hollar.
600. Ceres und Stellio. A. Elsheimer p. fol. Parthey 273.
601. 5 Bl. Landschaften. qu. 4. u. 8. Theils späte Abdrücke, theils beschädigt.
J. Houbraken.
602. 2 Bl. Henry Vane und C. Mordaunt. P. Lely und G. Kneller p. fol. Aus Lavater's Sammlung und mit dessen Handschrift. Beschnitten und fleckig.
603. Anna, Gemahlin des Prinzen Wilhelm IV. von Oranien. H. Pothoven p. fol.
604. B. S. Albinus. C. de Moor p. fol.
605. 11 Bl. Verschiedene Portraits. fol. u. 4. Meist beschnitten.
M. Kellerhoven.
606. 5 Bl. Köpfe und Portraits. Radirt u. zum Theil in Aquatinta. fol.
J. Koch.
607. Der Schwur der Franzosen bei Montenesimo. Radirt. gr. qu. fol.

A. Kölbl.
608. 22 Bl. Landschaften. Radirt. qu. 4., 8. u. qu. 8.

C. Kohl.
609. Friedrich der Grosse. J. H. C. Franke p. fol.

S. Kütner.
610. Herzog Peter von Curland. fol.
611. L. Euler. J. Darbes p. fol.

L. Lempereur.
612. Venus und Adonis. F. Guercino p. qu. fol.

L. van Leyden.
613. 13 Bl. Verschiedene Darstellungen. 8., qu. 4. u. qu. fol. Theils matte Drücke, theils verschnitten.

G. Lüderitz.
614. A. Thorwaldsen. Brustbild. F. Krüger p. Aquatinta. fol.

A. de Marcenay.
615. La Fleuriste. G. Dow p. fol. Schöner Abdruck.

J. Matham.
616. Die Küche. P. Aertsens p. qu. fol. B. 168.

J. H. Menken.
617. 28 Bl. Thierstücke und Landschaften. Radirt. In verschiedenem Format.
618. 25 Bl. aus derselben Folge.

J. Merz.
619. A. Canova. Brustbild. Oval fol. Mit Nadelschrift. Im Rande etwas fleckig.

R. Morghen.
620. S. Magdalena de Pazzi. G. Calendi p. fol. Bis zum Plattenrand beschnitten und aufgezogen.

F. Müller.
621. Der Affentanz. Radirt. 4.

J. Müller.
622. 2 Bl. Joh. von Leyden und Knipperdolling. Nach H. Aldegrever. fol. Braun und verschnitten.

J. G. von Müller.
623. Die heilige Catharina. L. da Vinci p. fol. Der Rand etwas brüchig.

J. Multz.
624. Paulus Coler. Schwarzkunst. 4. Selten.
J. Nothnagel.
625. 3 Bl. Köpfe; dabei das Portrait von Rembrandt. Radirt. 8.
A. v. Ostade.
626. 4 Bl. Bauern. 8. Späte Abdrücke und aufgezogen.
C. de Passe.
627. König Sigismund III. von Polen. 4. Beschnitten und aufgezogen.
S. Duperac.
628. 2 Bl Die Peterskirche in Rom mit Durchschnitt. Michel Angelo inv. Radirt. qu. fol. Rob.-Dum. 50 und 51.
C. H. Pfeiffer.
629. Lavater. Halbfigur. J. Oelenhainz p. Punktirt. Oval fol.
A. Pflugfelder.
630. Die Erweckung des Lazarus. J. v. Calcar p. Radirt und punktirt. gr. fol.
F. Piloty.
631. Madonna bei dem schlafenden Christuskinde. C. Cignani p. Lith. in Tondruck. Oval. gr. fol.
M. Pool.
632. Hercules und Omphale. B. Graat p. qu. fol. Ohne Plattenrand.
J. L. Potrelle.
633. L. David, Maler. Brustbild. F. J. Navez p. fol. Ohne Plattenrand.
J. M. Preissler.
634. Dr. B. Münter. Brustbild. Oval fol.
635. 3 Bl. Dänische Fürsten. fol.
J. C. Reinhart.
636. Die grosse Landschaft mit der Eiche und der Mühle. gr. qu. fol.
637. 2 Bl. A Civita Castellana, und Ponte Acquoreo a Tivoli. qu. fol.
Rembrandt.
638. Abraham's Opfer. 4. B. 35. Guter Abdruck, mit etwas Plattengrat. Scharf beschnitten und fleckig.

Nach ihm:
639. 10 Bl. Geschichte Joseph's. C. Caylus sc. 4.
640. 9 Bl. Köpfe von Canale, Kellerhoven u. A. 4. und 8.

J. E. Ridinger.

641. König August III. von Polen, zu Pferd. fol. Thienemann 830. Alter guter Abdruck, wie die Folgenden.
642. Titelblatt zu den Vorstellungen römischer und griechischer Kriegsleute. 4. T. 860.
643. 18 Bl. Entwurf einiger Thiere. 4. T. 427 etc. fol. Pappband.
644. 31 Bl. Abbildungen von Pferden, nach ihren verschiedenen Raçen, nebst dem türkischen Pferdeaufputz. qu. fol. T. 562 etc.

F. Ruscheweyh.

645. Das Abendmahl. F. Giotto p. In 3 Blättern. gr. qu. fol. Der Rand etwas fleckig.

W. Ryland.

646. 2 Bl. Eloisa, und trauerndes Mädchen bei einer Urne. A. Kauffmann p. Roth punktirt. fol.

J. Suyderhoef.

647. Bacchanal. P. P. Rubens p. qu. fol. Wussin 108. 4. Abdruck.
648. Dasselbe; ebenso.

J. Saenredam.

649. Lot mit seinen Töchtern. H. Goltzius inv. qu. fol. B. 41. Schöner Abdruck, aber der Schriftrand abgeschnitten.

G. F. Schmidt.

650. Der Greis in der Höhle. Rembrandt p. 4. Jacoby 166. Guter Abdruck, aber bis an den Plattenrand beschnitten.

C. A. Schwerdgeburth.

651. 6 Bl. Landschaften, nach Handzeichnungen v. Göthe. fol. geheftet.

J. Silvestre, Perelle etc.

652. 13 Bl. Französische und andere Prospekte. Schmal qu. roy. fol.

R. Strange.
653. Apollo krönt das Verdienst. A. Sacchi p. fol. Le Blanc 26. Guter Abdruck, das Papier gebräunt.

J. C. Teuscher.
654. Madonna mit dem Kinde. F. Parmeggiano p. fol. Etwas fleckig.

A. Thiele.
655. 2 Bl. Königsstein und Pillnitz mit Umgebung. Radirt. gr. qu. fol.

H. S. Thomassin.
656. La Mélancolie. D. Feti p. fol.

G. Vendramini, Cardon etc.
657. 4 Bl. aus der Leidensgeschichte Ludwig's XVI. C. Benazech etc. p. Punktirt. gr. qu. fol. Zwei Blatt in Braun. Beschnitten und an den Ecken beschädigt.

C. de Visscher.
658. Vondel. Kniestück, sitzend. fol.

B. Vogel, Preissler etc.
659. 27 Bl. aus der bekannten Portraitsammlung nach J. Kupezky. Schwarzkunst. fol.

N. J. Voyez.
660. Le Directeur des Toilettes. N. Lavreince p. fol.

J. Zucchi.
661. The Muse Erato. A. Kauffmann p. Roth punktirt. Oval. fol.

Handzeichnungen.

G. Köster.
662. Schweizerlandschaft. In farbigen Tuschen. 1844. gr. qu. f.
663. Ansicht der Scheibenwand in Tyrol. Bleistift. 1849. gr. qu. fol.
664. Winterlandschaft mit Felsen. Bleistift mit Tusche. 1849. fol.

C. Triebel.
665. Landschaft mit Felsen und Wasserfall. Oelfarbenskizze auf Papier. fol.

E. Linnig.
666. Flussansicht mit Schiffen. Aquarell. qu. fol.

Von Unbekannten

667. Kleine Winterlandschaft. Aquarell. qu. 8.
668. 8 Bl. Ansichten mit Staffage: Aarau, Reichenau, Meinau etc. In Deckfarben. gr. qu. fol.
669. 18 Bl. verschiedene Darstellungen von älteren und neueren Künstlern. In verschiedenem Format.

Convolute u. Sammlungen von Kupferstichen etc.

670. 128 Bl. Verschiedene Portraits.
671. 55 Bl. Portraits bildender Künstler, ein Theil aus de Bie.
672. 12 Bl. Portraits, meist aus der Folge der Gesandten zum westphälischen Frieden, nach A. van Hulle.
673. 94 Bl. Biblische Darstellungen, dabei mehrere Holzschnitte.
674. 63 Bl. Geschichtliche u. mythologische Darstellungen.
675. 38 Bl. Genrebilder.
676. 61 Bl. Verschiedene Prospecte, Landschaften, Hafenansichten etc.
677. 157 Bl. aus der Gallerie Orleans; dabei Einige abgeschnitten.

Kupferstiche.

J. Aliamet.
678a. Halte Espagnole. Ph. Wouwerman p. qu. fol.

H. Aldegrever.
678b. Hercules tödtet den Drachen. 8. B. 90.

V. Aloja.
679. 2 Bl. Anfiteatro Campano, und Avanzi del Teatro di Taormina in Sicilia. Ph. Hackert p. gr. qu. fol.

B. Baron.
680. Carl I. mit seiner Familie. A. van Dyck p. gr. fol.
681. Pillement d'un Village par l'Ennemy. A. Watteau p. qu. fol.

A. Bartsch.
682. Die Ruhe der heil. Familie. G. v. Eckhout del. qu. fol.

J. F. Beauvarlet.
683. 3 Bl. Le Jardinier, La Fruitière, und La Femme rusée. J. Vanasse und C. Bega p. fol. Beschnitten und aufgezogen.

H. S. Beham.
684. 8 Bl. aus der Folge der Thaten des Herkules. qu. 8. Meist späte Abdrücke.

D. Berger.
685. Lear und Kordelia. B. West p. Braun punktirt. qu. fol. Mit Nadelschrift.

C. F. Boetius.
686. Die Alte mit dem Kohlentopf und die Kinder. P. P. Rubens p. fol. Mit kleiner Beschädigung im Druck.

C. Bega.
687. Der Bauer mit dem Weibe. 8. B. 25. Guter Abdruck.
688 a. 2 Bl. Sitzende Bauern. 8. B. 16 u. 17.

J. Bergmann.
688 b. Die Enthauptung des heil. Mauritius. P. de Mares p. Lith. in Tondruck, aus Boisserèe's Galleriewerk. gr. fol.

J. J. de Boissieu.
689 a. Acht Studienköpfe. fol. Alter Abdruck.
689 b. Pavillon des cy devants Carmes des chaussés de Lyon. qu. fol. Guter Abdruck mit der Adresse.

H. Brosamer.
690. Der unterjochte Ehemann. qu. 8. B. 18. Etwas eingetuscht.

J. Th. de Bry.
691. 3 Bl. Das Volksfest, und die Soldatenzüge. H. S. Beham inv. Schmal qu. fol. Ein Blatt fleckig.

J. Callot.
692. Der Kindermord. 8. Meaume 5. Erste Platte, erster Abdruck.
693. Johannes als Kind in der Wüste. 8. M. 148.
694. 2 Bl. Die kleinen Reiterschlachten. qu. 8.
695. 7 Bl. Folge der Petites Misères de la Guerre. qu. 8. M. 557—563.
696. 7 Bl. Die Laster. 8.
697. 182 Bl. aus dem Werke des Meisters. In verschied.

Format. Theils späte Abdrücke, theils beschädigt, theils Copien.

B. Canaletto.

698. 5 Bl. Ansichten in Dresden, aus der bekannten Folge. qu. roy.-fol. Einige fleckig.

A. Carracci.

699. S. Hieronymus. F. Vanni inv. 4. B. 74. Guter Abdruck.
700. S. Franciscus. Idem inv. fol. B. 67. Erster Abdruck vor der Adresse, aber etwas fleckig und aufgezogen.

D. Cunego.

701. Tamerlan enferme Bajazet dans une Cage de Fer. C. Célesti p. qu. roy.-fol.

C. W. E. Dietrich.

702. Die Landschaft mit der Viehherde in Roos' Manier. qu. fol. Link 134. Guter Abdruck mit der Nummer.

A. Dürer.

703. 8 Bl. Heilige und andere Darstellungen. 4. 8. Theils späte Abdrücke und meist Copien.

J. Galactionoff etc.

704. 2 Bl. Vue de Marly de Petergoff, und Vue du Jardin de Pawlofsky. qu. fol. Ohne Plattenrand.

A. Glaser.

705. Verkündigung Mariä. E. Deger p. Düsseldorfer Kunstvereinsblatt. qu. fol.

W. v. Goethe.

706. 2 Bl. Landschaften. J. A. Thiele p. Radirt. 4. Selten.

W. Hogarth.

707. 12 Bl. Das Leben des Fleissigen u. des Faulen. qu. fol. Gute Abdrücke. Aufgezogen.
708. Die Punschgesellschaft. qu. fol.
709. Die schlafende Gemeinde. fol. Etwas verschnitten u. fleckig.
710. 6 Bl. Die Heirath nach der Mode. G. Scotin, B. Baron etc. sc. gr. qu. fol. Aufgezogen und etwas fleckig.
711. 2 Bl. aus dem Leben einer Buhlschwester. qu. fol. Scharf beschnitten und aufgezogen.

712. 8 Bl. Leben eines Lüderlichen. qu. fol. Gute Abdrücke, aber gebräunt und 1 Bl. aufgezogen.
713. Mr. Garrick in the Character of Richard the 3d. qu. fol. Fleckig.

W. Hollar.
714a. 2 Bl. Köpfe. L. da Vinci inv. 8. u. qu. 8. Parthey 1576 u. 1605. Alte Abdrücke.

E. Jazet.
714b. Marchand d'Esclaves. H. Vernet p. Aquatinta. roy.-f.

J. V. Kauperz.
715. Artemisia. Therbouche p. Schwarzkunst. qu. fol. Bis zum Stichrand beschnitten und aufgezogen.

J. A. Klein.
716. 10 Bl. Die angeschirrten Pferde, 1811 u. A. Dabei einige Copien, in verschiedenem Format.

J. D. Laurentz.
717. Sitzender Mann. D. Chodowiecki del. 8.

J. P. Le Bas.
718. Vue de St. Petersbourg. J. B. Le Prince p. qu. roy.-fol.
719. Petite Vue d'Hollande, Viehstück. P. Potter p. qu. fol.

J. Lépicié.
720. Le Jeu de Piquet. G. Netscher p. fol. Bis zum Plattenrand beschnitten.

A. Loir.
721. Der Sturz der gefallenen Engel. C. le Brun p. In zwei Blättern. roy.-fol. Etwas rissig.

Q. Marck.
722. Susanne avec les Vieillards. P. P. Rubens del. fol. Schöner Abdruck.

J. Massard.
723. La Cruche cassée. J. B. Greuze p. fol. Guter Abdruck.

C. v. Mechel.
724. Lavater, Hess und Fuessli zum Besuch bei Spalding. H. Fuessli p. qu. fol.

J. G. v. Müller.
725. Lot avec ses Filles. G. Honthorst p. qu. fol. Schöner Abdruck.

726. La Nymphe Erigone. N. R. Jollain p. fol.

A. v. Ostade.
727. 2 Bl. Die wandernden Musikanten, und das Tischgebet. 4. B. 34, 45. Späte Abdrücke.

F. Piranesi.
728. 2 Bl. Der Constantinbogen, u. das Colosseum. gr. qu. fol.

J. B. Le Prince.
729. 12 Bl. Russische Volksscenen. Theils radirt, theils Aquatinta. qu. fol. 4.

F. Rainaldi.
730. Joseph und Potiphar G. F. Biliverti p. qu. fol. Ohne Plattenrand.

J. C. Reinsperger.
731. Le Joueur de Lut. M. Preti p. fol.

Rembrandt.
732. Rembrandt zeichnend. 4. B. 22. 4. Abdruck.
733. Abraham und Isaak. 8. B. 33.
734. Die Geburt Christi. qu. 8. B. 47. Späterer erster Abdruck.
735. Der Kartenspieler. 8. B. 136. Ebenso.

G. F. Schmidt.
736. Rembrandt's Mutter. Rembrandt p. 4. Jacoby 153 Schöner Abdruck, aber bis zum Stichrand beschnitten
737. Des Künstlers Gattin nähend. 4. J. 135. Alter seltener Abdruck auf bräunlich Papier.
738. Hirsch Michel. 4. J. 144. Erster Abdruck mit dem Namen, und auf bräunlich Papier.
739. Ein junger Mann, genannt: Rembrandt's Portrait. Rembrandt p. 4. J. 150. Schöner Abdruck.

J. B. Simonet.
740. La Privation sensible. J. B. Greuze p. fol.

F. Stöber.
741. Die Madonna des Granduca. fol. Vor aller Schrift.

J. A. Tischbein.
742. Badende Nymphen. Radirt. 4.

J. Umbach.
743. 9 Bl. Heilige Darstellungen u. Landschaften. 4. 8. qu. 8. Zwei Blatt fleckig.

J. Le Veau.
744. La Blanchisseuse flamande. Ph. Wouwerman p. qu. fol.
Ohne Plattenrand und aufgezogen.

C. Visscher.
745. Die wandernden Musikanten. A. v. Ostade p. fol.
Später Abdruck.

J. G. Wille.
746. 2 Bl. Tricoteuse Hollandoise, und Le petit Physicien. F. Mieris u. G. Netscher p. fol. Le Blanc 64, 66. Bis zum Plattenrand beschnitten und aufgezogen.

Portraits.
P. M. Alix.
747. General Beurnonville, in ganzer Figur. J. Fragonard p. Aquatinta. gr. fol.
748. M. Necker. Farbendruck. 4.
749. Montesquieu. F. Garnerey p. Farbendruck. fol.

M. Ardell.
750. Rembrandt's Mutter. Rembrandt p. Schwarzkunst. fol. Gebräunt.

A. St. Aubin.
751. C. A. Helvetius. J. M. Vanloo p. 4.
752. 20 Bl. Portraits französischer Gelehrten, Staatsmänner etc. Medaillons. 8.

J. Audran.
753. Louis XV. als Kind, in ganzer Figur. Gobert p. fol.

J. F. Bause.
754. Prinz Heinrich von Preussen. A. Graff p. fol. Keil 129. Guter Abdruck, wie die Folgenden.
755. 1. Kant. V. H. Schnorr del. fol. K. 217.
756. G. E. Lessing. A. Graff p. fol. K. 195.
757. C. F. Hommel. Idem p. fol. K. 211.

E. Beisson.
758. Mirabeau, in ganzer Figur. J. Boze p. gr. fol.

Th. Benedetti.
759. Kaiser Franz I. im Lehnstuhl. F. Ammerling p. gr. fol.

D. Berger.
760. 3 Bl. Joseph II., Gustav von Schweden, und Prinz Heinrich Ludwig von Preussen. F. Reclam del. fol.

P. Bettellini.
761. Galileo Galilei im Lehnstuhl. N. Passignani p. gr. fol.

J. Bock.
762. Kurfürst Friedrich Wilhelm der Grosse. Brustbild in Lebensgrösse. W. Vaillant p. Schwarzkunst. gr. fol.

F. W. Bollinger.
763. Dr. Joh. Christian Reil. H. Dähling p. Punktirt. fol.

J. Bonnet.
764. Louis XV. Brustbild, fast Lebensgrösse. M. Vanloo p. Kreidestich. gr. fol.

E. Bourgeois.
765. J. L. David, Maler. Rouget p. fol. Im Rande etwas fleckig.

L. Calamatta.
766. Napoleon, nach der Todtenmaske. fol.
767. F. Guizot. P. Delaroche p. gr. fol. Chines. Papier.

L. Cars.
768. Louis Duc d'Orléans. A. S. Belle p. kl. fol.

J. Caspar.
769. Anna Milder. J. Wach del. Medaillon. 4.

L. J. Cathelin.
770. J. M. Terray, Minister. Kniestück. J. Roslin p. gr. fol.

J. Charon.
771. J J. Rousseau, en Suisse, in ganzer Figur, sitzend. J. Bouchot p. Aquatinta. fol.

J. Chenu.
772. M. de Bethune, Duc de Sully. G. de St. Aubin del. kl. fol. Grau.

L. A. Claessens.
773. P. P. Rubens. Se ipse p. Punktirt. Oval fol.

J. Curtis.
774 Louis XVI. J. Boze p. Punktirt. Oval fol.

C. v. Dalen.
775. 2 Bl. J. Boccaccio, u. P. Aretino. Tizian p. gr. fol. Beschnitten und aufgezogen.

J. Delegorgue.
776. Marquise de Sévigné. R. Nanteuil del. fol.

P. Drevet.
777. Louis XV. als Kind, in ganzer Figur im Krönungsornate. H. Rigaud p. gr. fol. Beschnitten, fleckig und ausgebessert.
778. Louis Hector Duc de Villars. Idem p. fol. Brüchig und braun.
779. J. B. Bossuet, in ganzer Figur. Idem p. gr. fol. Grau.
780a. F. Dubois, Cardinal. Idem p. gr. fol. Schöner Abdruck.
780b. N. Boileau Des preaux. J. de Piles p. fol.

N. Edelinck.
781. René Descartes. F. Hals p. fol. Rob.-Dum. 181. Erster Abdruck vor der Adresse.

J. Falck.
782. Louis XIII. Mit Beiwerk. J. Egmont inv. fol. Beschnitten und aufgezogen.

J. Ficquet.
783. Bernhard Duc de Saxe Weymar. 4.

J. J. Freidhof.
784. H. Pestalozzi. A. Schöner p. Schwarzkunst. fol.

C. Galle.
785. Otto Gericke. A. v. Hulle p. fol.

F. Garnerey.
786. Friedrich Baron von Trenck. Roth punktirt. fol.

J. Garnier.
787. Odilon-Barrot. A. Scheffer p. Schwarzkunst. fol.

T. Gaugain.
788. Charl. James Fox. Büste. J. Nollekens mod. Punktirt. gr. fol.

J. Geille.
789. Lafayette. Oval. fol.

F. Girard.
790. A de Lamartine. Kniestück. F. Gérard p Aquatinta. fol.

P. v. Gunst.
791. 2 Bl. Ludwig Dauphin, u. Herzog Marlborough. gr. fol. Beschnitten und letzteres aufgezogen.

T. Hardy.
792. J. Haydn. Punktirt. fol.

E. Henne.
793. Goetz von Berlichingen. Oval. fol.

B. L. Henriquez.
794. D. Diderot. J. M. Vanloo p. fol.
795. C. de Montesquieu. fol. Neuer Abdruck.

D. Hodgetts.
796. Charles Maurice, Prinz de Talleyrand. Halbfigur. A. Scheffer p. Aquatinta. fol.

J. Houbraken.
797. J. van Hoorn. J. M. Quinkhard p. fol. Etwas fleckig.
798. Queen Mary. G. Kneller p. fol.
799. R. Devereux, Earl of Essex. J. Oliver p. fol.

J. Jeaurat.
800. Pierre Puget, Bildhauer. P. Puget p. fol.

M. Lasne.
801. Richelieu. fol. Aufgezogen und etwas fleckig.

N. de Larmessin.
802. Louis XV. in ganzer Figur. J. M. Vanloo p. gr. fol. Etwas rissig und aufgezogen.

P. Lombart.
803. Elizabeth, Comitissa Devoniae. A. van Dyck p. fol. Schöner Abdruck.

J. Lubin.
804. J. B. Colbert. Oval fol.

J. E. Mansfeldt.
805. 2 Bl. Joseph II., und Erzherzog Leopold. Kniestücke. F. Palko p. fol.

C. Mellan.
806. Henry Duc de Montmorency. 4. Montaiglon 216.

J. Miger.

807. M. Bailly. J. Boizot p. fol. Aufgezogen.

E. Morace.

808. C. F. D. Schubart. J. Oelenhainz p. fol. Ebenso.
809. Ang. Kauffmann. J. Reynolds p. fol.

R. Morghen.

810. Napoleon. St. Tofanelli del. fol.
811. Prinz von Oranien. M. Mireveld p. fol.

F. Müller, M. Steinla etc.

812. 18 Bl. Portraits von Fürsten, Staatsmännern, Gelehrten etc. 4.

J. G. v. Müller.

813. Leopold Graf zu Stolberg. J. C. Rincklake p. fol. Etwas fleckig.

B. Nanteuil.

814. François de Vandosme, Duc de Beaufort. J. Nocroit p. fol. Rob.-Dnm. 33. Etwas verschnitten und aufgezogen.
815. Charles de la Porte, Duc de la Melleraye. J. Justus p. fol. R.-D. 118. Schöner Abdruck.
816. Johannes de Maupeou fol. R.-D. 173. Schöner 2. Abdruck, aber bis zum Stichrand beschnitten und aufgezogen.
817. C. M. Le Tellier. fol. R.-D. 140. Guter 2. Abdruck.
818. H. de la Tour d'Auvergne. fol. R.-D. 49. Hauptblatt in schönem 4. Abdruck.
819. Christine von Schweden. S. Bourdon p. fol. R.-D. 67. Schöner 1. Abdruck. Bis zum Stichrand beschnitten und die Ecken verletzt.
820. N. Foucquet. fol. R.-D. 98. Guter 5. Abdruck; der Rand aufgezogen.
821. P. Seguier. C. Le Brun p. R.-D. 223. 2 Abdruck; der Rand aufgezogen.
822. B. Foucquet. fol. R.-D. 97. Ebenso.
823. Cardinal Retz. fol. R.-D. 217. 1. Abdruck, aber bis nahe an den Stichrand beschnitten und aufgezogen.
824. G. de Lamoignon. fol. R.-D. 120. Beschnitten und aufgezogen.
825. Cardinal Mazarin. J. Van-mol p. fol. R.-D. 175. 2. Abdruck.

826. E. Molé. fol. R.-D. 193. Aufgezogen.
827. Louis XIV. Brustbild in Lebensgrösse. Genannt das Portrait mit den Löwentatzen. roy. fol. R.-D. 161. 2. Abdruck. Mit ausgebesserten Rissen im Rand.
828. Louis XIV., Medaillon mit reicher Umgebung. gr. fol. Aufgezogen. Dies Blatt scheint aus der Folge v. G. Edelinck zu sein, und es ist unten ein Blatt eingeklebt mit der mit Typen gedruckten Inschrift: Oeuvre de Robert Nanteuil, Dessinateur et Graveur du Roy.

B. Picart.
829. Prinz Eugen von Savoyen. Kniestück. J. v. Schuppen p. gr. fol.

N. Pitau.
830. P. Seguier. N. de Plate-Montagne p. fol. Etwas fleckig und aufgezogen.

N. de Poilly.
831. Louis XIII. M. Mignard p. gr. fol. Beschnitten und aufgezogen.

P. Pontius.
832. Christine von Schweden. Mit allegor. Beiwerk. H. v. Hulle p. gr. fol.
833. Marie von Medicis. A. v. Dyck p. fol. Alter Abdruck ohne Adresse.

F. Reclam.
834. Prinzessin Friederike Wilhelmine von Preussen. Büste in Medaillon. Radirt. fol.

J. G. Saiter.
835. Paul Veronese, Maler. Se ipse p. 4.

G. F. Schmidt.
836. Christian August von Anhalt-Bernburg. A. Pesne p. gr. fol. Jacoby 66.
837. Prinz Heinrich Ludwig von Preussen. A. Vanloo p gr. fol. J. 88. Alter guter Abdruck.

C. van Sichem.
838. J. van Leyden, Wiedertäufer. 4. Mit Typentext.

J. Sintzenich.
839. Prinz August Ferdinand von Preussen, in ganzer Figur. H. Schroeder p. Schwarzkunst. gr. fol.

J. Sokoloff.
840. Peter der Grosse. Halbfigur im Krönungsornate. A. Karavak p. Mit russischer und lateinischer Unterschrift. fol.

P. van Sompel.
841. Teophrastus Paracelsus. P. P. Rubens p. fol. Bis zum Stichrand beschnitten, auch ausgebessert und aufgezogen.

J. Stüerhelt.
842. Cardinal Mazarin. Ph. de Champaigne p. fol.

J. Suyderhoef.
843. Carl V. Tizian p. fol. Wussin 15. Schöner 2. Abdruck. Oben im Rande fleckig.

P. A. Tardieu.
844. G. Dow, im Fenster. G. Dow p. fol. Fleckig.

C. Turner.
845. Washington Irving. G. Newton p. Mezzotinto. fol. Mit Nadelschrift.
846. John George Lord Durham. Th. Lawrence p. Ebenso. fol.

Von Unbekannten.
847. Raphael. Ritratto del gran Rafaello Sanzio da Urbino fatto da lui medesimo nel Monte Parnaso; accanto alle Muse. Aus einer Folge, No. 28. Radirt. fol.
848. Raimond Monticuculi. fol. Probedruck vor der Umschrift und vor dem Wappen. Fleckig.

V. Vangelisti.
849. 3 Bl. Moritz von Sachsen, der Marschall de Belle-Isle, und der Kanzler D'Aguessau. R. Tournières p. fol. Ohne Plattenrand.

G. Valck.
850. 2 Bl. Heinrich VIII., und J. Gray. A. v. d. Werff p. G. Valck und C. Vermeulen sc. fol.

G. Vertue.
851. W. Shakespeare. fol.
852. 5 Bl. Maria Stuart, Lord Darnley, Königin Elisabeth, Königin Maria, und Philipp II. L. de Heere, J. Oliver etc. p. fol.

B. Vogel.
853. Prinz Eugen von Savoyen. Lebensgrosses Brustbild

mit Umgebung. E. C. Heiss u. B. Vogel sc. Schwarzkunst. imp. fol. In der Mitte brüchig.
854. J. M. Dinglinger. J. Kupezky p. Schwarzkunst. fol.

T. Watson.

855. D. Garrick. J. Reynolds p. Schwarzkunst. fol. Bis an den Stichrand beschnitten.

J. G. Wille.

856. Louis XV. J. G. Heilmann p. fol. Le Blanc 105. Bis zum Stichrand beschnitten und aufgezogen.
857. Moritz von Sachsen. H. Rigaud p. fol. Le Blanc 121. Guter Abdruck. Gebräunt, fleckig und aufgezogen.

Von Diversen.

858. 26 Bl. Verschiedene Portraits, von älteren und neuern Künstlern. 8., 4. u. fol. Zum Theil verschnitten.
859. 87 Bl. Dergleichen. Sämmtlich Lithographien. Meist Folio.
860. 34 Bl. Portraits französischer Staatsmänner, viele aus der Zeit der Revolution, Lithographien aus Delpech's Sammlung; dabei mehrere Facsimile-Blätter. Ebenso.
861. 22 Bl. Frauenportraits. Meist Schauspielerinnen und Sängerinnen. Ebenso.

Convolute.

862. 230 Bl. Eine reiche Sammlung von Prospekten und Landschaften. Meist Lithographien. In verschiedenem Format.
863. 74 Bl. Dergleichen. In Farben. Ebenso.
864. 8 Bl. Panoramen. Zum Theil in mehreren Blättern. Meist in Aquatinta. Schmal qu. roy. fol.
865. 47 Bl. Genrebilder. Meist Lithographien, zum Theil farbig. In verschiedenem Format.
866. 19 Bl. Schlacht-Scenen. Meist Lithographien. fol., qu. fol. u. qu. 8.
867. 70 Bl. Carricaturen. Meist Lithogr. in Farben. In verschied. Format.
868. 145 Bl. Aeltere und neuere Kupferstiche, Radirungen etc. In verschied. Format.
869. 9 Bl. Handzeichnungen; einige davon von E. F. A.

Hoffmann, Verfasser der Phantasiestücke in Callot's Manier. 8., 4. u. fol.

Bildwerke und Hefte.

870. 5 Bl. Aus der Pinakothek. Lithogr. von Piloty, Flachenecker, nach A. van Dyck, C. Dolce u. A. gr. fol.
871. Arabeskenfries von A. Schroedter. Von dem Künstler selbst auf Stein gezeichnet. 7 Bl. Düsseldorfer Kunstvereinsheft. Schmal gr. qu. fol.
872. 10 Bl. Aus der Gallerie du Palais Royal. Lithographien nach neueren Gemälden nebst Text. gr. fol.
873. Monuments et Rues de Paris, dessinés et lithographiés par W. Wyld. 21 Blatt Lithogr. in Tondrücken. qu. f.
874. Anleitung zum Schattiren in der Figurenzeichnung von Prof. Zimmermann. 20 Blatt. Lithogr. gr. fol. München 1818.
875. Biographie W. A. Mozart's, v. G. N. v. Nissen. Mit 8 Bl. Lithogr. Leipzig. fol. geh.
876. Monument du Costume Physique et Moral de la Fin du dix-huitième Siècle ou Tableaux de la Vie, ornés des Figures dessinées et gravées par M. Moreau le jeune, Dessinateur du Cabinet de S. M. T. C. et par d'autres célèbres Artistes. 26 Bl. nebst Text. Neuwied 1789. gr. fol. Halblederband.
877. 12 Bl. zu Undine von La Motte Fouqué. Lithographien. Brünn 1825. qu. fol. In Umschlag.
878. Umrisse zu Goethe's Faust. Gezeichnet von M. Retsch. 26 Bl. nebst Erklärung. Stuttgart 1816. qu. 4.
879. Ein Band mit 17 Bl. diversen alten Kupferstichen. Meist beschädigt. qu. fol.
880a. 1 Packet mit 18 Heften Stahlstichen aus verschiedenen Werken.
880b. Vier grössere Mappen; etwas defect.

Kupferstiche.
C. L. Schuler.

881. Jephta's Tochter. F. Oesterley p. Karlsruher Kunstvereinsblatt. roy. fol. Vorzüglicher und seltener Abdruck vor aller Schrift.

J. C. Thévenin.

882. L'Enfant charitable. A. Scheffer p. fol. Guter Abdruck.

A. B. Desnoyers.

883. Bélisaire. F. Gérard p. gr. fol. Aelterer Abdruck; das Papier etwas gebräunt.

Kupferstiche.

A. Adam.

884. 2 Bl. Löwen, und Pferde. Original-Lithographien in Tondruck. qu. fol.

C. Agricola.

885. Christus in der Grabeshöhle. H. Carracci p. 4. Schöner Druck.
886. 2 Bl. Tobias mit dem Fisch, und Joseph im Gefängniss. A. Elsheimer und R. Mengs p. qu. 8.
887. Venus und Satyrn in einer Landschaft. Idem p. qu. 4.
888. Oberjäger Hundskarrer. fol. Mit Nadelschrift.

V. Aloja.

889. Avanzi del Tempio di Giove Serapide a Pozzuoli. P. Hackert p. gr. qu. fol.

J. Mac Ardell.

890. Der Zinsgroschen. Rembrandt p. Geschabt. qu. fol. Schöner Abdruck vor der Schrift. Unten etwas über den Plattenrand beschnitten.

G. Audran.

891. Die Marter des heil. Laurentius. E. Le Sueur p. gr. fol. Guter Abdruck.
892. Die Schlacht des Konstantin gegen Maxentius. C. Le Brun p. In 3 nicht zusammengef Bl. qu. roy. fol. Schöner Abdruck dieses Capitalblattes. Etwas brüchig.
893. 5 Bl. Die Alexanderschlachten, nebst dem Zelte des Darius v. G. Edelinck, und dem Einzug in Babylon. Ch. Le Brun p. qu. imp. fol. u. qu. roy. fol. Schöne 1. Abdrücke mit Goyton's Namen; aber aufgezogen, sehr gebräunt, ausgebessert und fleckig.

J. Audran.

894. Rinaldo und Armida. A. Coypel p. gr. qu. fol. Schöner Druck.
895. Die Gefangennehmung der Athalia. Idem p. gr. qu. fol. Ein Hauptblatt. Ebenso.
896. Prinz Eugen v. Savoyen in Rüstung vor seinem Zelte. J. Vivien p. gr. fol. Ebenso. Bis nahe dem Stichrand beschnitten.

J. Bacheley.

897. Vue du Tibre. B. Bremberg p. qu. fol.

P. Balliu.

898. Die Begegnung von Jacob und Esau. P. P. Rubens p. gr. fol.- Bas. 14. Aelterer Abdruck.
899. Christus am Kreuz u. die heil. Frauen. A. v. Dyck p. fol. Guter 2. Abdruck.
900. Der Kampf um den Besitz der Hipodamia. P. P. Rubens p. qu. fol. Bas. 15. Scharf beschnitten.

J. P. le Bas.

901. Depart pour la Chasse à l'italienne. C. Parrocel del. qu. fol. Guter Abdruck, wie die Folgenden.
902. Ein Seesturm. A. Stork p. qu. fol.
903. Halte de Cavalerie. Ph. Wouwerman p. qu. fol.
904. Les Sangliers forcés. Idem p. gr. qu. fol. Ohne Plattenrand.
905. Prise du Héron. C. van Falens p. gr. qu. fol.
906. La Ville et la Rade de Toulon. J. Vernet p. gr. qu. fol. Oben bis zum Stichrand beschnitten.

A. F. Baudouin.

907. Vue de la Ville et Fauxbourgs de Salins mit reicher Staffage. F. van der Meulen inv. In 2 Blättern. qu. imp. fol. Schöner Druck. Rissig und bis zum Stichrand beschnitten.
908. Die Belagerung von Audenärde. Idem inv. In 2 Blättern. qu. imp. fol.
909. Die Einnahme von Dola. Idem inv. In 2 Blättern. qu. imp. fol. Schöner Druck.

J. F. Bause.

910. Abraham auf Moria. A. F. Oeser del. fol. Keil 3. Schöner alter Abdruck, wie die Folgenden.

911. Isaak u. Esau. Idem del. Aquatinta. qu. 4. K. 4. Selten.
912. Christuskopf. G. Reni p. fol. K. 5. Ebenso.
913. Die drei Apostel. M. A. da Caravaggio p. qu. fol. K. 7.
914. Venus u. Amor. C. Cignani p. fol. K. 12.
915. Artemisia. G. Reni p. fol. K. 15. Grau.
916. Die Macht der väterlichen Liebe. B. Rode del. qu. fol. K. 16. Schöner erster Druck vor aller Schrift. Selten.
917. Der Frieden und der Ueberfluss. A. F. Oeser del. fol. K. 18. Mit einem Riss.
918. Der Todtenkopf. Idem del. qu. 4. K. 22. Roth gedruckt.
919. Der Mann mit Knebelbart u. Mütze. C. W. E. Dietrich del. 4 K. 24. Braun gedruckt.
920. Die Vertraute. J. Kupetzky p. 4. K. 34. Ebenso.
921. Der Orientale. C. W. E. Dietrich p. fol. K. 32. II. Ebenso, selten.
922. Die fleissige Hausfrau. G. Dow p. fol. K. 35. Grau.
923. Scene aus Oberon. A. F. Oeser del. 8. K. 62.
924. 4 Bl. Vignetten. qu. 8. K. 69. I. 74. 78. und unbekannt. Meist aus den Büchern.
925. Der Brunnen. F. Reclam del. qu. fol. K. 108. Braun gedruckt.
926. Carel Wouter Visscher. E. Schmidt p. fol. K. 214.
927. G. Schacher. A. Graff p. fol. K. 223.
928. Caspar Richter. Idem p. fol. K. 229.
929. J. G. Quandt. Idem p. fol. K. 236.
930. H. Loehr. Idem p. fol. K. 239. Braun.

Juliane Bause.
931. 3 Bl. Landschaften. qu. 4. kl. fol. K. 4. 5. 8.

J. F. Beauvarlet.
932. Die Hochzeit von Amor u. Psyche. F. Boucher p. gr. qu. fol. Guter Abdruck. Etwas fleckig.

Françoise Beauvarlet.
933. Eine Mutter mit ihrem Kinde spielend. J. Hallé p. qu. fol. Ebenso.

P. Bettelini.
934. Die Anbetung der Hirten. A. van der Werff p. gr. fol. Guter Abdruck.

935. Mater amabilis. C. Allori p. fol. Ebenso.
C. Bloemaert.
936. Die Anbetung der Hirten. P. da Cortona p. fol. Schöner Druck.
937. Der Raub des goldnen Vliesses mit dem Portrait eines Fürsten. F. Romanelli del. fol. Ebenso. Mit kleinen Flecken.
A. Blooteling.
938. Daniel in der Löwengrube. P. P. Rubens p. fol. Guter Abdruck.
939. Die Hirschjagd. G. Flinck p. qu. 4.
940. 6 Bl. Städteansichten. J. Ruysdael p. qu. fol. 2. Abdrücke mit Dankerts' Adresse.
S. à Bolswert.
941. Maria mit dem Kinde. F. Parmeggiano inv. fol. Fleckig.
942. Die Auferstehung Christi. P. P. Rubens p. fol. Bas. 109.
943. Satyrn u. Nymphen von der Jagd heimkehrend. Idem p. qu. fol. Bas. 26. Guter Abdruck.
944. Die Satyrfamilie mit der Ziege. J. Jordaens p. qu. fol. Bas. 20. 2. Abdruck mit Blooteling's Adresse.
945. Das kleine Concert. Soo d'oude songen etc. Idem p. qu. fol.
J. Browne.
946. Cephalus u. Procris. Claude Lorrain p. gr. qu. fol. Schöner Druck.
947. Die Landschaft mit der Taufe des Eunuchen. J. u. A. Both p. gr. qu. fol. Ein Hauptblatt. Etwas fleckig.
948. The Sportsman. G. Poussin p. qu. fol. Schöner Abdruck.
C. Buchhorn.
949. Lairessens Frau u. Kind. G. Lairesse p. fol. Guter Abdruck.
L. Calamatta.
950. M. L. Comte Molé. Kniestück. J. Ingres p. gr. fol. Schöner Druck mit offner Schrift, auf Chines. Papier.
P. C. Canot.
951. 2 Bl. The Farm-Yard, und The Inn-Yard. P. le

La er p. gr. qu. fol. Hauptblätter; ersteres in schönem Abdruck.
952. Returning from Market. N. Berghem p. qu. fol. Guter Abdruck.

P. C. de Caylus.

953. 11 Bl. Biblische u. histor. Darstellungen. Nach Raphael, J. da Udine, J. Romano u. And., gest. v. C. de Caylus, N. le Sueur u. A. Zum Theil in Clairobscur. Aus dem Cabinet Crozat. In verschiedenem Format.

P. Chédel.

954. Quartier général. R. van den Hoecke p. qu. fol. Guter Druck.

P. Chenu.

955. La Campagne. A. v. d. Velde p. qu. fol. Ebenso.

A. Claessens.

956. Halbfigur einer jungen Frau. Rembrandt p. Aus dem Musée Napoleon. fol. Schöner Abdruck. Mit einigen unbedeutenden Flecken im Rande.

B. Coriolano.

957. Der Sturz der Giganten. G. Reni inv. Clairboscur. In 4 zusammengef. Blättern. imp.-fol. B. 12. Schöner Abdruck dieses seltenen Blattes. Aufgezogen.

C. van Dalen.

958. Maria mit dem Kinde. G. Flinck p. fol. Guter Druck, mit der Adresse von Blotelingh.

R. Daudet.

959. Landschaft mit Vieh im Wasser. C. du Jardin p. fol. Schöner Abdruck vor der Schrift.
960. 4 Bl. Römische Ruinen mit Staffage. C. W. E. Dietrich p., R. Daudet, u. N. de Launay sc. qu. fol. Gute Abdrücke.

L. Desplaces.

961. Joseph u. Potiphar. L. Giordano p. qu. fol. Neuer Abdruck.

C. Duchange.

962. Der Leichnam Christi von Maria u einem Engel gehalten. Paul Veronese p. fol. Schöner seltener Abdruck vor der Schrift.

R. Earlom.

963. Angelica u. Medoro. B. West p. gr. fol. Schöner und seltener Abdruck vor der Schrift.
964. Meleager u. Atalanta, oder die Jagd des Caledonischen Ebers. P. P. Rubens p. qu. roy. fol. Capitalblatt in schönem und seltenem Abdruck vor der Schrift. Der Rand an einigen Stellen unterlegt.

G. Edelinck.

965. J. P. de Lionne, J. Jouvenet p. fol. R.-D. 247. Schöner 2. Abdruck mit der Dedication.
966. Michel le Tellier. C. Le Brun. inv. qu. fol. R.-D. 261. Guter Abdruck.
967. Cl. Mellan. fol. R.-D. 272. Ebenso.
968. R. Poisson als Crispin. T. Netscher p. fol. R.-D. 299. Guter 3. Abdruck.
969. S. de Sainte-Marthe. fol. R.-D. 309. Guter Druck, bis nahe dem Stichrand beschnitten.

G. Eissner.

970. Maria mit dem Kinde. L. Carracci p. 8. Schöner Druck vor aller Schrift.

L. Ekeman-Allesson.

971. 4 Bl. Landschaften. A. Adam, J. Wynants etc. p. Lith, in Tondruck. qu. fol.

J. Falck.

972. Die Kreuztragung. D. Dominichino p. fol. Schöner Abdruck ohne Schrift, wie die Folgenden.
973. Maria mit dem Kinde von Heiligen umgeben. P. Bassano p.? Aus dem Cabinet von Reynst, wie die Folgenden. qu. fol.
974. Die putzsüchtige Alte vor dem Spiegel. J. Lys p. Aus de Graaf's Sammlung. fol.
975. J. Hevelius. E. H. à Iwenbusen p. fol. Guter Abdruck, sehr selten.

P. Fendi.

976. Ein Trinker. R. Brakenburg p. Lith. in Tondr. fol.
977. Grosse Bauerngesellschaft. D. Teniers p. gr. qu. fol. Vorzügliche Lith. in Tondruck.

St. Fessard.

978. Le galant Jardinier. P. Pierre p. fol. Schöner Druck.

G. Folo.

979. Adam u. Eva. Tizian p. qu. fol. Guter Druck.
980. Der bethelhemitische Kindermord. N. Poussin p. gr. qu. fol. Ebenso.
981. Maria mit dem Kinde auf dem Arme. Raphael p. fol.
982. Christus am Kreuz. Michel Angelo p. gr. fol. Guter Abdruck.
983. Diana von Nymphen geweckt. B. Nocchi p. gr. qu. fol. Ebenso, mit nur einer Schriftzeile.

J. J. Frey.

984. Der H. Romualdus, genannt die weissen Mönche. A. Sacchi p. gr. fol. Guter Abdruck.
985. St. Bernhard vor Innocenz II. C. Maratti p. gr. fol. Schöner Abdruck.

M. R. Frey.

986. Maria zeigt dem Johannes das schlafende Christuskind. Raphael p. fol. Schöner Abdruck vor der Schrift.

J. Frezza.

987. Venus couchée, nach einem antiken Gemälde. gr. qu. fol.

J. H. Füger.

988. Portrait des Grafen Terzky. Schwarzkunst. qu. 4. Sehr selten.

C. Galle.

989. Ecce homo. A. Correggio p. fol. Schöner Druck; mit kleinem Rostfleck auf der Backe des Christus.
990. Der Zinsgroschen, Composition von sechs Figuren. Tizian p. fol. Schöner Abdruck mit des Stechers Adresse.
991. Die Berathung der Kirchenväter. P. P. Rubens p. qu. fol.

G. Gandolfi.

992. Die Anbetung der Hirten. N. del Abate p. fol. Schöner Druck.

H. Goltzius.

993. Die Anbetung der Hirten, in Bassano's Manier. Aus den Meisterstücken. gr. fol. B. 17. Schöner Druck. Etwas fleckig.
994. Der H. Joseph zeigt den Hirten das neugeborene Kind. 4. B. 21. Seltener 2. Druck.

995. Der Wettstreit des Apollo. gr. qu. fol. B. 140. Erster Abdruck, aber fleckig und aufgezogen.
996. Die Statue des Herkules. fol. B. 144. Schöner Druck.
997. C. van der Spronck. Oval 12. B. 185. Selten. Später Abdruck. Um das Oval sehr beschnitten.
998. Der junge Frisius mit dem Hunde. fol. B. 190. Cop. B.
999. 4 Bl. Die Stürzenden. C. Cornelis inv. Rund. fol. B. 258—261. Vortreffliche Abdrücke. 1 Bl. beschädigt.
1000. Die heil. Familie. B. Spranger inv. fol. B. 275. Guter Abdruck.
1001. Die Hochzeit von Amor u. Psyche. Idem inv. qu. roy. fol. B. 277. Ebenso.

L. Gruner.

1002. Der Leichnam Christi v. Heiligen umgeben. B. Luini p. In Umriss und leicht schattirt. 4.
1003. Madonna mit Heiligen. A. Previtali p. Ebenso. qu. 4.

H. Guttenberg.

1004. Die büssende heilige Magdalena. L. Cigoli p. 4. Vor der Schrift.
1005. Der Tod der h. Magdalena. J. Rustichino p. qu. fol. Ebenso.

J. Hall.

1006. Die Auflösung des Parlaments durch Cromwell. B. West p. gr. qu. fol. Hauptblatt in gutem Abdrucke.
1007. Pyrrhus wird als Kind dem Schutze des Glaucias anvertraut. Idem p. gr. qu. fol. Schöner Druck.
1008. Papst Clemens IX. im Lehnstuhl sitzend. C. Maratti p. gr. fol. Hauptblatt in schönem Abdruck.
1009. Sir Rob. Boyd. A. Boggi del. fol. Schöner Druck mit Nadelschrift.

L. Heckenauer.

1010. Die grosse Hochzeit zu Cana. Paul Veronese p. Radirt. In zwei zusammengef. Blättern. gr. qu. fol. Etwas fleckig.

B. L. Henriquez.

1011. Mars trennt sich von Venus; eine Allegorie auf Krieg u. Frieden. P. P. Rubens p. qu. fol. Schöner Abdruck vor der Schrift.

C. E. Hess.

1012. Der Charlatan. G. Dow p. gr. fol. Grau.
1013. Christus unter den Schriftgelehrten. Rembrandt p. fol. Schöner Druck vor der Schrift.
1014. Maximilian Joseph I. in ganzer Figur, im Krönungsornate. J. Stieler p. roy. fol. Ziemlich guter Abdruck.
1015. Rembrandt. Se ipse p. Radirt. fol. Guter Abdruck.

A. Hoffmann.

1016. Die h. Familie mit dem Wasserbecken. G. Romano p. gr. fol. Sehr schöner Abdruck vor der Schrift und auf Chines. Papier.

W. Hogarth.

1017. 6 Bl. Das Leben einer Buhlerin. qu. fol. Capitalfolge in sehr schönen 2. Abdrücken mit dem Kreuz.
1018. Der unglückliche Poet. qu. fol. Guter 2. Abdruck.
1019. Paulus vor Felix. L. Sullivan sc. qu. fol. Ebenso.

P. Huet.

1020. Sources de Royat. Radirt. gr. fol. Schöner Druck auf Chines. Papier.

P. de Jode.

1021. Christus übergiebt Petrus die Schlüssel. P. P. Rubens p. fol. Guter Abdruck, verschnitten und der Schriftrand ganz fehlend.
1022. Rinaldo und Armide. A. v. Dyck p. gr. fol. Guter Abdruck. Im Rande etwas ausgebessert.

C. Kappes.

1023. Das Märchen von dem Rhein u. dem Müller Radlauf. E. Steinle del. Frankfurter Kunstvereinsbl. qu. fol. Guter Abdruck.

P. Laurent.

1024. Port de Mer enrichi d'Architecture. Ph. Loutherburg p. gr. qu. fol. Guter Druck; im Rande etwas rissig.

N. Lauwers.

1025. Der Triumph des neuen Gesetzes. P. P. Rubens p. In 2 Bl. bestehend. qu. roy. fol. Bas. 7. Schöner Druck mit des Stechers Adresse. Am Rande stellenweise ausgebessert.
1026. Jupiter und Merkur bei Philemon und Baucis. J. Jordaens p. gr. qu. fol. Guter Abdruck, ohne Adresse.

W. de Leeuw.

1027. Die Wolfsjagd. P. P. Rubens p. gr. qu. fol. Guter 2. Abdruck, mit der Adresse von Danckerts Knapp beschnitten.

F. Legat.

1028. Maria Stuart verzichtet auf die Krone. G. Hamilton p. gr. qu. fol. Schöner Abdruck mit Nadelschrift.
1029. Die Grossmuth Scipio's. N. Poussin p. gr. qu. fol. Schöner Abdruck vor der Schrift, nur mit dem Wappen. Mit einigen ausgebesserten Rissen im Rande.

J. Leithner.

1030. 2 Bl. Blumenstücke. J. Drechsler p. Schwarzkunst. fol. Gute Abdrücke.

B. Lepicié.

1031. Le Jeu de Piquet. G. Netscher p. fol. Braun und aufgezogen.
1032. Jupiter und Jo. G. Romano p. fol. Schöner Abdruck.
1033. N. Bertin, Maler. J. de Lieu p. fol. Ebenso.

J. Maillet.

1034. Le Menuet pastoral. Claude Lorrain p. qu. fol. Guter Abdruck.

J. Marinus.

1035. Die Marter der heil. Apollonia. J. Jordaens p. gr. fol. Schöner 1. Abdruck, aber beschädigt.

Q. Mark.

1036. Cleopatra zeigt dem Augustus die Büste des Julius Cäsar. P. Battoni p. qu. fol. Schöner Abdruck vor der Schrift und vor dem Wappen. Fleckig.

J. Mason (?).
1037. Ein Dorf mit reicher Staffage. J. Breughel p qu. fol. Schöner Druck vor der Schrift.

A. Masson.
1038. Der heil. Hieronymus. fol. R.-D. 7. Schöner 2. Druck. Selten.
1039. H. de Lorraine, genannt le Cadet la Perle. N. Mignard p. gr. fol. R.-D. 34. Guter 2. seltener Abdruck mit der Nummer.
1040. A. le Nostre. C. Maratti p. fol. R.-D. 55. Guter Abdruck; im Rande etwas beschädigt.

H. Merz.
1041. Maria mit dem Kinde auf dem Throne. H. Hess p. fol. Guter Abdruck.

J. B. Michel.
1042. Die drei Grazien. P. P. Rubens p. Punktirt. gr. fol. Schöner Druck.
1043. Karten spielende Bauern. D. Teniers p. fol. Ebenso.

J. Mitelli.
1044. Die Anbetung der Hirten. Paul Veronese p. Radirt. gr. qu. fol. B. 4.

P. Moitte.
1045. Le Geste Napolitain. J. B. Greuze p. qu. fol. Schöner Druck

R. Morghen.
1046. Lot und seine Töchter. F. Guercino p. gr. qu. fol. Schöner Abdruck vor der Schrift.
1047. La Madonna col Bambino. A. del Sarto p. fol. Guter Abdruck. Der Rand gebräunt.
1048. Der heilige Johannes in der Wüste. Ego Vox Clamantis etc. G. Reni p. gr. fol. Schöner Druck.
1049. Der Parnass mit Apollo und den Musen. R. Mengs p. qu. roy. fol. Guter Abdruck vor der Bedeckung.
1050. 2 Bl. Die Poesie und die Malerei. G. Hamilton p. fol. Schöne und seltene 1. Abdrücke. Letzteres mit einem Fleck.
1051. Grabmal des Papstes Clemens XIII. A. Canova inv. roy. fol. Guter Abdruck.

1052. Theseus auf dem Minotaurus. Idem inv. gr. fol. Schöner Abdruck.
1053. Zwei antike Basreliefs. fol. Ebenso.
1054. Die Familie von Bariatinsky, oder von Holstein-Beck. A. Kauffmann p. gr. fol. Schöner alter Abdruck.
1055. Adeodatus Turchi. J. Vieira p. fol. Schöner Abdruck vor der Adresse.
1056. F. Guicciardini. 4. Schöner Abdruck.
1057. Philippus Neri. S. Tofanelli del. kl. fol.
1058. Domenica Volpato Morghen. A. Kauffmann p. Oval 8. Schöner Abdruck.
1059. V. Alfieri. F. Fabre p. 8. Schöner Druck. Ohne Plattenrand.
1060. Fortunata Sulgher Fantastici. A. Kauffmann p. 8. Ebenso.
1061. Carolus III. R. Mengs p. 8. Selten. Ohne Plattenrand.
1062. Derselbe, mit allegorischer Umgebung. S. Tofanelli del. qu. 8. Ebenso.
1063. Carl IV. und Aloysia. Idem p. qu. 8. Ebenso.
1064. Madonna Laura. P. Ermini del. N. Palmerini sc. R. Morghen dir. fol. Guter Druck.
1065. Ein Kind mit einer Buchstabentafel. A. Correggio p. Aus Morghen's Schule. 4. Chin. Papier.

J. Moyreau.

1066. Les Marchands de Chevaux. P. Wouverman p. fol. Guter Abdruck.

M. Mosyn.

1067. Bacchus tröstet die verlassene Ariadne. J. Backer inv. qu. fol. Schöner Abdruck. Selten.

F. Müller.

1068. Der heil. Johannes. D. Dominichino p. fol. Schöner Abdruck mit der Jahrzahl 1808 und Ramboz' Namen als Drucker. Ausserhalb des Plattenrandes mit einem halben Zoll Papierrand.

J. G. v. Müller.

1069. Die lesende Madonna mit dem Kinde. L. Spada p fol. Schöner und seltener Abdruck vor aller Schrift.

1070. La tendre Mère. F. Tischbein p. fol. Guter Abdruck.

P. Multz.

1071. J. W. Ebner. Schwarzkunst. 4. Vor der Schrift. Selten.
1072. F. Praun. Ebenso. 4.

R. Nanteuil.

1073. La Tour d'Auvergne, Cardinal de Bouillon. fol. R.-D. 51. Seltener 2. Abdruck. Aufgezogen und etwas faltig.
1074. V. Le Bouthillier. P. de Champagne p. fol. R.-D. 54. Guter Druck; scharf beschnitten.
1075. Marie de Bragelogne. fol. R.-D. 57. Schöner 4. Abdruck. Ebenso.
1076. J. Chapelain. fol. R.-D. 60. 4. Abdruck. Braun.
1077. Christine von Schweden. S. Bourdon p. fol. R.-D. 67. Guter 3. Abdruck. Fleckig und bis zum Stichrand beschnitten.
1078. Pierre et Jacques Dupuy. S. Bourdon p. qu. fol. R.-D. 89. Seltener 1. Abdruck; braun und scharf beschnitten.
1079. D. Marin. A. Dieu p. fol. R.-D. 170. Guter 1. Abdruck.
1080. S. A. de Mesmes. fol. R.-D. 192. Seltener 2. Abdruck.
1081. P. Seguier. fol. R.-D. 223. 1. Abdruck. Fleckig.

J. Neeffs.

1082. Die Marter des heil. Thomas. P. P. Rubens p. gr. fol. Bas. 48. Schöner Abdruck eines Hauptblattes.
1083. Der Satyr beim Bauer. J. Jordaens p. qu. fol. Guter Abdruck, mit Bloteling's Adresse.
1084. Der verliebte Schäfer. Idem p. fol. Schöner 1. Abdruck, mit der Adresse von Bloteling.

J. B. Nocchi.

1085. 6 Bl. Köpfe nach Fiesole. qu. fol. In Umrissen und leicht schattirt.

P. J. Parrocel.

1086. Der Triumph des Mardochai. J. F. De Troy p.

gr. qu. fol. Prosper de Baudicour No. 6.*) Guter Abdruck.

C. de Passe.

1087. Der Tod der Procris. P. Moreelese inv. qu. fol. Schöner Abdruck.
1088. Ludovica Juliana Comes Nassoviae. 4. Ebenso.

J. Pake.

1089. Landschaft mit ruhenden Landleuten. T. Jones p. gr. qu. fol. Schöner Druck vor der Schrift.

A. Perfetti.

1090. Erzherzog Leopold. P. Ermini del. 4. Schöner Abdruck mit offener Schrift.

H. Petersen.

1091. Kinder beim Regen unter Baumwurzeln. A. van der Embde p. fol. Schöner Abdruck vor der Schrift.

W. Pether.

1092. Rubens' Frau als Schäferin. P. P. Rubens p. Schwarzkunst. fol. Schöner Abdruck vor der Schrift, auf Seidenpapier.
1093. Die Grossmuth des Bayard. E. Penny p. Schwarzkunst. gr. qu. fol. Schöner Abdruck vor der Schrift.

A. Pflugfelder.

1094. Die sieben Werke der Barmherzigkeit. E. Steinle del. fol.

C. Piotti-Pirola.

1095. Maria mit dem Kinde und Johannes. G. C. Procaccino p. qu. fol. Schöner Druck.

J. B. Poilly.

1096. Jupiter und Danae. G. Romano p. qu. fol. Guter Abdruck.
1097. Nymphen im Bade. Idem p. qu. fol. Ebenso.

P. Pontius.

1098. Susanna und die beiden Alten. P. P. Rubens p. Bas. 34. fol. Guter alter Abdruck, aber im Rande unten etwas rissig.

*) Le Peintre Graveur français continué ou Cat. raissonné des estampes etc. par Pr. de Baudicour Tome II. Paris 1861. (Leipzig. R. Weigel).

1099. Der bethlehemitische Kindermord. Idem p. gr. fol. Bas. 32. Nur die linke Hälfte des Blattes, braun u. aufgezogen; beschädigt und der Schriftrand ganz fehlend.
1100. Die Flucht nach Egypten. J. Jordaens p. gr. qu. fol. Guter Abdruck, mit der Adresse von Bloteling. Braun.
1101. Die Geisselung Christi. P. P. Rubens p. fol. B. 70. Guter 1. Abdruck.
1102. Die Ausgiessung des heil. Geistes. Idem p. gr. fol. Bas. 119. Guter Abdruck.
1103. Der heil. Rochus erscheint den Pestkranken. Idem p. gr. fol. B. 44. Schöner Druck. Oben um das Oval beschnitten.
1104. Maria erscheint dem heil. Hermann Joseph. A. van Dyck p. fol. Seltener 1. Abdruck vor der Adresse.
1105. Das Fest des Bohnenkönigs. J. Jordaens p. gr. qu. fol. Guter Abdruck. Ein Riss unterlegt.
1106. C. Gevartius. P. P. Rubens p. fol. Bas. 66. Ebenso.

H. Prudhomme.

1107. Die Söhne Eduard's. P. Delaroche p. gr. qu. fol. Schöner 1. Abdruck mit offener Schrift. Im Rande einige kleine Risse unterlegt.

D. und L. Quaglio.

1108. 2 Bl. Ein Schlosshof, und Bettler vor einer Kirche. Lith. in Tondruck. qu. fol. und fol.

W. Raddon.

1109. Die Clubbisten. D. Wilkie p. fol. Guter Abdruck.

J. Rigaud.

1110. 6 Bl. Ansichten des Schlosses und der Parkanlagen zu Marli, mit vielen Costümfiguren. qu. fol. Schöner Abdruck.

W. Ryland.

1111. Antiochus und Stratonice. P. da Cortona p. qu. fol. Schöner Abdruck vor der Schrift, nur mit dem Wappen.

J. Saenredam.

1112. Der Narr mit der Marotte. H. Goltzius inv. fol.

B. 103. Guter 1. Abdruck. Bis nahe an den Stichrand beschnitten.
1113. 3 Bl. Die Cardinaltugenden. Idem inv. fol. B. 116—119. Schöne 1. Abdrücke.

L. Sailliar.

1114. Helena Forman, in ganzer Figur. A. van Dyck p. gr. fol. Guter Abdruck.

P. Scalberge.

1115. Die Schlacht des Constantin gegen Maxentius. Raphael inv. qu. imp. fol. R.-D. 12. Ein Hauptblatt, aber braun, beschädigt und aufgezogen.

B. Smith.

1116. Die Ceremonie der Eidesleistung des Lord Mayor von London. W. Miller p. Punktirt. qu. roy. fol. Guter Abdruck. Aufgezogen.

H. Snyers.

1117. Der Streit der Kirchenväter über das Abendmahl. P. P. Rubens p. gr. fol. Bas. 11. In gutem, jedoch spätern Abdruck.

P. van Sompel.

1118. Ixion von der Juno betrogen. Idem inv. qu. fol. Bas. 8.
1119. Isabella Clara Eugenia. A. van Dyck p. fol. Schöner Abdruck vor der Nummer.
1120. 2 Bl. Rudolph 1., und Rudolph II. P. Soutman inv. fol. Guter Abdruck.

P. Soster.

1121. Maria mit dem Kinde. G. Reni p. fol. Guter Abdruck vor aller Schrift.

M. Steinla.

1122. Die Madonna mit dem Fisch. S. Virgo a pisce dicta. Raphael p. gr. fol. Schöner Abdruck mit offner Schrift.
1123. Friedrich August, König von Sachsen. C. Vogel p. fol. Mit offner Schrift auf Chines. Papier. Etwas fleckig.

R. Strange.

1124. Esther vor Ahasverus. F. Guercino p. qu. fol.

Le Blanc 2. Schöner Abdruck. Der Rand etwas brüchig.
1125. Maria zeigt das schlafende Christuskind. Parce Somnum rumpere. C. Maratti p. fol. Le Bl. 9. Schöner Abdruck. Brüchig und fleckig.
1126. Der Lobgesang der Maria. Te Deum laudamus. Idem p. fol. Le Bl. 15. Ebenso.
1127. Cäsar verstösst die Pompea. P. da Cortona p. gr. fol. Le Bl. 24. Ebenso; ohne Rand.
1128. Mutter mit dem Kind, Parmigiani Amica. F. Parmeggiano p. fol. Le Bl. 55. Schöner Druck.
1129. Apollo belohnt das Verdienst. A. Sacchi p. fol. Le Bl. 26. Ebenso.
1130. Die Landschaft mit dem Bauerwagen. Ph. Wouwerman p. fol. Le Bl. 43. Schöner Druck.

N. Le Sueur.
1131. Diana und Endymion. S. Conca inv. Holzschnitt in Clairobscur. fol.

J. Suyderhoef.
1132. Albert II. P. Soutman inv. fol. Wussin 3. Fleckig.
1133. Ferdinand III. Idem inv. fol. W. 26. Schöner Abdruck.
1134. A. Heereboord. P. Dubordieu p. fol. W. 32. Knapp beschnitten und aufgezogen.
1135. Der trunkene Bacchus. P. P. Rubens p. qu. fol. W. 108. Schöner 1. Abdruck, mit Soutman's Adresse.
1136. Die Gevatterinnen. A. van Ostade p. fol. W. 120. 3. guter Abdruck mit den weissen Ecken.
1137. Die Bretspieler. Idem p. fol. W. 123. Die Adresse ausradirt.

S. Taylor.
1138. Die Ermordung des D. Rizzio, des Geliebten der Maria Stuart. F. Opie p. gr. qu. fol. Schöner Abdruck.

P. Toschi.
1139. Die Abnehmung vom Kreuz. La Discesa della Croce. D. da Volterra p. roy. fol. Capitalblatt in schönem Subscriptions-Abdruck auf Chines. Papier.

C. Townley.

1140. Rembrandt. Se ipse p. Geschabt. fol. Guter Abdruck, mit zweiter Adresse.

C. Ulmer.

1141. Die heil. Cäcilie. N. Mignard p. gr. fol. Guter Abdruck mit Dassart's Adresse.
1142. Amor bestraft einen Faun, nach G. Edelinck. 4. Selten.

Von Unbekannten.

1143. Die Krönung der Maria. P. P. Rubens p. M. van den Enden exc. fol. Guter Druck. Beschnitten.
1144. Der Raub der Proserpina. qu. fol. In Farben auf Atlas gedruckt.
1145. Apollo und Amor. qu. fol. Farbig gedruckt.

W. Vaillant.

1146. Ein stehendes Kind. Schwarzkunst. fol. Guter Abdruck.
1147. Brustbild eines jungen Mannes. Schwarzkunst. 8. Ebenso.

G. Vascellini.

1148. 4 Bl. Reiterstatue Cosmus I. und die Reliefs, nach G. da Bologna. fol. u. qu. fol. Aufgezogen.

B. Vasquez.

1149. Eine Schäferin. F. Zurbaran p. Punktirt. Madrider Galeriewerk. fol.
1150. Sitzende Dame mit Hund. A. Moro p. Ebenso. gr. fol.
1151. Sitzende Dame mit Nelke. Idem p. Ebenso. gr. fol. Faltig.

C. Visscher.

1152. Maria als Himmelskönigin, von vielen Engeln umgeben. P. P. Rubens p. gr. fol. Bas. 9. Guter, jedoch später Abdruck.
1153. Die Zigeunerin. fol. Guter Druck.
1154. Der Antiquar. qu. fol. Guter Druck. Selten.
1155. R. Junius. Palamedes p. fol. Ebenso. Verschnitten.
1156. Heinrich von Nassau. G. Honthorst p. fol.

J. Visscher.

1157. 4 Bl. Lagersscenen. Ph. Wouwerman p. qu. fol.

Gute Abdrücke. Der eine mit zweiter Adresse von J. Dankerts, und etwas über den Plattenrand beschnitten.
1158. 2 Bl. Bauerntänze. A. v. Ostade p. qu. fol. Guter Abdruck.
1159. Landschaft mit Hirten und Heerde. N. Berghem p. qu. fol. Ebenso.
1160. Landschaft mit melkender Hirtin. Idem p. qu. fol. Ebenso.
1161. 3 Bl. Landschaften mit Vieh. Aus einer Folge. Idem p. qu. fol. Ebenso. Bis nahe an den Stichrand beschnitten.

N. Visscher.
1162. Reiche Landschaft. J. de Momper inv. qu. fol. Selten.

J. Volpato.
1163. Der Rückzug des Attila. Raphael p. Aus der Folge der Stanzen, wie die Folgenden. qu. roy. fol. Guter 2. Abdruck.
1164. Die Vertreibung des Heliodor. Idem p. qu. roy. fol. Alter schöner Abdruck vor der Retouche. Ohne Rand und aufgezogen.
1165. Der Parnass. Idem p. qu. roy. fol. Guter älterer Abdruck.
1166. Der Burgbrand. Idem p. qu. roy. fol. Guter späterer Abdruck.

L. Vorsterman.
1167. Die Anbetung der Hirten. P. P. Rubens p. gr. fol. Bas. 15. Guter Abdruck. Etwas verschnitten.
1168. Die Marter des heil. Laurentius. Idem p. fol. Bas. 34. Verschnitten und aufgezogen.
1169. Die Amazonenschlacht. Idem p. In 6 Blättern. qu. imp. fol. Späterer Abdruck.
1170. Ein Satyr und Panther. Idem inv. fol. Bas. 63. Schöner Abdruck.
1171. C. de Longueval. Idem inv. gr. fol. Bas. 61. Hauptblatt in gutem Abdruck; aber beschädigt und aufgezogen.

J. Wagenbauer.
1172. Landschaft mit Vieh. Orig-Lith. in Tondr. qu. fol.

A. Walker.
1173. Der Engel verschwindet vor der Familie des Tobias. Rembrandt p. gr. fol. Alter Abdruck.

J. Watson.
1174. Vertumnus und Pomona. G. Netscher p. Schwarzkunst. gr. fol. Schöner Abdruck vor der Schrift.

W. H. Watt.
1175. La Madonna della Torre. Raphael p. In der Sammlung des S. Rogers. gr. fol. Passavant 98. Schöner Abdruck mit offener Schrift.

F. Weber.
1176. Hans Holbein. Se ipse p. fol. Schöner Abdruck.

R. Whitfield.
1177. La Bella del Domenichino. D. Dominichino p. fol. Schöner Abdruck mit offener Schrift, auf Chines. Papier.

J. G. Wille.
1178. Die Ruhe der heil. Familie. C. W. E. Dietrich p. fol. Le Bl. 2. Guter Abdruck.
1179. La Cuisinière Hollandaise. G. Metzu p. fol. Le Bl. 67. Ebenso. Etwas gebräunt.
1180. Sapeur des Gardes suisses. fol. Le Bl. 86. Schöner Druck.
1181. Louis Dauphin de France. D. Klein p. fol. Le Bl. 106. Guter Druck. Ohne Plattenrand.
1182. Marie Therese d'Espagne. Idem p. kl. fol. Le Bl. 107. Guter Druck. Etwas fleckig.
1183. P. de Tencin. J. G. Heilmann p. fol. Le Bl. 110. Guter Abdruck.
1184. A. F. Poisson. L. Tocqué p. gr. fol. Le Bl. 125. Ebenso.
1185. F. Quesnay, in ganzer Figur. J. Chevalier p. gr. fol. Le Bl. 138. Schöner Abdruck dieses seltenen Blattes. Der linke Rand angesetzt.
1186. 35 Bl. Varietés de Gravures. Le Bl. 15—51. fol. Schöne Abdrücke. Geheftet.

H. Witdoeck.
1187. Die Grablegung Christi. P. P. Rubens p. qu. fol. Bas. 103. Späterer Druck mit des Stechers Adresse.

A. Wolfgang.

1188. Graf von Stubenberg mit dem Hunde. A. Block p. Schwarzkunst. fol. Selten.

W. Woollett.

1189. Die Villa des Cicero. R. Wilson p. gr. qu. fol. Guter Abdruck, mit Green-Street. Der Rand etwas rissig.
1190. Die Landschaft mit Phaeton. Idem p. gr. qu. fol. Schöner Abdruck. Ohne Schriftrand.
1191. Celadon und Amelia. Idem p. gr. qu. fol. Guter Abdruck. Gebräunt.
1192. Der Tempel des Apollo. Cl. Lorrain p. gr. qu. fol. Guter Abdruck. Fleckig.

F. Wrenk.

1193. Rembrandt van Ryn. F. Bol p. Schwarzkunst. gr. fol. Guter Abdruck.

J. Zaal.

1194. Die Eberjagd. F. Snyders p. gr. qu. fol. Guter späterer Abdruck.

A. Zingg.

1195. Die badenden Schäferinnen. C. W. E. Dietrich p. gr. fol. Guter Abdruck.

Convolute.

1196. 108 Bl. Biblische und religiöse Darstellungen verschiedener Stecher, in verschiedenen Formaten. Zum Theil gut gehalten.
1197. 120 Bl. Historische und figürliche Vorstellungen. Ebenso.
1198. 128 Bl. Landschaften und Thierstücke. Ebenso.
1199. 195 Bl. Portraits, darunter gute Sachen und wohl erhalten.
1200. 5 Hefte Bilderchronik des Sächsischen Kunstvereins. Jahrg. 1828, 30, 32, 35 u. 36. Mit 26 Kupfern. qu. fol.

Kupferwerke.

1201.a g. Galleria dell' Imp. e Reale Accademia delle Belle Arti di Firenze. 7 Hefte. Florenz 1843/44. fol. In Umschlägen.
1202. 6 Bl. Die Reliefs an den Broncethüren des Ghiberti

in Florenz. G. Calendi sc. R. Morghen dir. gr. fol. Pappband.
1203. 11 Bl. Raphael's Stanzengemälde. A. Banzo sc. Angebunden 6 Bl. Ansichten von und in Raphael's Villa. J. G. A. Frenzel sc. In Umrissen. gr. qu. fol. Pappband.
1204. I. Mosaici della cupola nella Capella Chigiana di S. Maria del Popolo in Roma. Mit 10 Kupferstichen. Raphael p. L. Gruner sc. Nebst Text. Grosse Ausgabe auf Chines. Papier, vor der Schrift. Rom 1839. gr. fol. In Umschlag.
1205. Architettura ed Ornati della Loggia del Vaticano. Opera del celebre Raffaele Sanzio da Urbino. 62 Bl., welche die Ornamente und Arabesken der 14 Pilaster der Loggien enthalten. Theils gestochen, theils in Aquatinta. Venezia. Santini 1783. roy. fol. Ein Hauptwerk. Halbldbd.
1206. 6 Köpfe, nach Raphael. Lith. fol. In Umschlag.
1207. Pierre Paul Rubens, par Ernest Buschmann. Antwerpen 1840. Mit Kupfern. gr. fol. Pappbd.
1208. 64 Bl. Nach Zeichnungen von R. la Fage, gest. von G. Audran, F. Ertinger u. A. Neue Ausgabe. Amsterdam 1785. gr. fol.
1209. Ein Heft mit 19 Bl. Umrisse v. Thorwaldsen's Werken und Text. F. Mori sc. Nebst einigen Textblättern. fol. In Umschlag.
1210.a—f. Kunstdenkmäler in Deutschland von den frühesten Zeiten bis auf unsere Tage, von E. v. Bibra, Dr. Lucanus u. And. Schweinfurt 1844. 6 Hefte mit Kupfern. fol.
1211.a—b. Costümbuch für Künstler. Düsseldorf 1839. 2 Hefte. 4
1212.a—i. Abbildungen der Wappen sämmtlicher Souveraine etc., herausg. von C. H. v. Gelbke. qu. fol. 1. bis 9. Heft, à 4—5 Bl. In Farben-, Gold- und Silberdruck. (Ladenpreis à Heft 8 Thlr.) Vorzüglich ausgeführt. Berlin. qu. fol. In Umschlag.
1213. Das Leben einer Hexe in Zeichnungen von B. Genelli, gestochen von H. Merz und Gonzenbach. 1. Lieferung. 2 Blatt. Düsseldorf. gr. qu. fol. In Umschlag.
1214. Entwürfe zu den Fresken der Friedhofshalle zu Berlin

von Dr. P. v. Cornelius. In 11 Bl. Ausgabe No. 1. Vor der Schrift, auf Chines. Papier. Leipzig. qu. roy. fol.

1215. a - e. Die Geschichte des deutschen Volks in fünfzehn grossen Bildern dargestellt von K. H. Hermann aus Dresden. 5 Hefte in qu. imp. fol. und 5 Hefte erläuternder Text in roy. 8. Gotha 1852—54.

Kupferstiche.
G. Audran und **G. Edelinck.**

1216. 5 Bl. Die berühmte Folge der Alexanderschlachten, der Einzug in Babylon und das Zelt des Darius. Ch. Le Brun p. Meist in je zwei zusammengefügten Blättern. qu. imp. fol. und qu. roy. fol. Capitalblätter in sehr schönen 1. Abdrücken mit Goyton's Namen als Drucker; ferner mehrere mit dem Worte Pintre anstatt Peintre. Sämmtlich aufgezogen, zum Theil mit ausgebesserten Rissen und etwas fleckig.

A. Bartsch.

1217. Die Taufe des Eunuchen. C. W. E. Dietrich inv. qu. fol. Schöner Druck mit angelegter Schrift.

Stephan della Bella.

1218. Ansicht von Paris mit dem Pont-Neuf. qu. roy. fol. 1. Abdruck vor der Wetterfahne. Selten. Bis zum Stichrand beschnitten.

1219. 15 Bl. Brustbilder in persischer Tracht, u. A. 8. Meist um die Ovale beschnitten.

Abraham de Bruyn.

1220. Brustbild eines römischen Kaisers. 8. Oben links eine ergänzte Ecke.

J. Th. de Bry.

1221. 3 Bl. Messergriff und Verzierungen. Zwei Blatt davon von D. Meyer. 8.

L. Buchhorn.

1222. Lairessen's Frau und Kind. G. Lairesse p. fol.

J. Caspar.

1223. La Vierge au Livre. Raphael p. Preussisches Kunstvereinsblatt. fol. Guter Abdruck. Etwas gebräunt.

1224. Die heil. Barbara. J. Boltraffio p. Ebenso. gr. fol. Guter Abdruck.

C. W. E. Dietrich.
1225. Wandernde Musikanten. qu. 8. L. 77. Später Druck.

Claude Duflos.
1226. Dido, umgeben von Genien. F. de Troy p. qu. fol. Schöner und sehr seltener Abdruck vor aller Schrift.

P. F. Duflos.
1227. 2 Blatt. Italienische Landschaften. Radirt. qu. 4. Selten.

A. Dürer.
1228. Dornenkrönung. Holzschnitt. fol. B. App. 4. 1. Abdruck vor dem Monogramm.

F. Forster.
1229. Der schlafende Amor. E. Sirani p. qu. 4. Schöner 1. Abdruck mit des Stechers Adresse.

J. Freidhof.
1230. Angelika und Medoro. P. Rotari p. Schwarzkunst. gr. fol. Schöner Abdruck.

G. Friedrich.
1231. Tezel's Ablasspredigt. J. M. Trenkwald p. Sächs. Kunstvereinsblatt für 1859. qu. fol.

H. Garnier.
1232. 2 Bl. Candeur, und Satisfaction, weibliche Brustbilder in Oval. J. Schopin p. Aquatinta. gr. fol. Schöne Abdrücke.

L. Gruner.
1233. St. Bonaventura, aus der Kapelle im Vatican. G. da Fiesole p. Für die Arundelsociety. fol. Chines. Papier.
1234. Der heil. Laurentius ertheilt Almosen. Idem p. Ebenso. gr. fol. Chines. Papier.

J. C. Gudeborn.
1235. 2 Bl. Brustbilder eines Alten und einer Alten. J. Nogari p. Dresdner Galerie. 4.

C. Guerin.
1236. 2 Bl. Spielende Kinder in einem Dorfe, und Botaniker am Waldbach. Radirt. fol.

J. Ph. Haid.

1237. The Family of a Connoisseur, Herren und Damen in einem Gemäldesaal. Schwarzkunst. qu. 4.

J. Jacques.

1238. Der Drehorgelmann und sein Hund. Radirt. 4.
1239. Die beiden Kartenspieler. Radirt. qu. 4.

C. Kittensteyn.

1240. Die Haushaltung. Aus einem Buche. 8.

C. Knolle.

1241. Der Zinsgroschen. Tizian p. fol. Guter Druck auf Chines. Papier.

J. Le Clerc d. J.

1242. Bacchantinnen und Satyrn am Brunnen. 1763. Radirt. qu. fol.

Wilh. de Leeuw.

1243. Junger Mann mit Federbarett. Rembrandt inv. 4. B. App. 17.

Ch. M. Malardot.

1244. 2 Bl. Waldgegenden mit Figuren. fol. Schöne Abdrücke auf Chines. Papier.

A. Maulbertsch.

1245. Der Guckkastenmann, reiche Composition in Hogarth's Geschmack. Radirt. qu. fol. Guter Abdruck dieses seltenen Blattes.
1246. Der Quacksalber auf seiner Bühne. qu. fol. Ebenso.

M. Merian.

1247. 40 Bl. Städteansichten: Leipzig, Nürnberg, München, Lindau, Bodensee etc. qu. fol.

C. H. van Meurs.

1248. Herr und Dame, musicirend. F. Mieris p. fol. Selten.

A. v. Ostade.

1249. Der Tanz im Wirthshause. qu. fol. B. 49. Ein Theil des untern weissen Randes abgeschnitten.
1250. Trinkende Bauern in der Schenke. qu. fol. B. 50. Leidlicher Abdruck.

J. Pasquier.

1251. Die Grazien. L. Vanloo p. gr. fol. Guter Druck, aber etwas über den Plattenrand beschnitten.

Georg Pencz.
1252. Der Sturz des Saul. qu. 8. B. 69.
J. B. M. Pierre.
1253. Chinesischer Aufzug im Carneval zu Rom im Jahre 1735. Radirt. qu. fol. Prosper de Bandicour 27. Selten.
M. A. Raimondi.
1254. Die heil. Cäcilia. Raphael p. fol. B. 116. Copie B.
J. Read.
1255. The dutch Lady. Rembrandt p. Schwarzkunst. fol. Schöner Abdruck.
J. C. Reinhart.
1256. Der junge Wechselschuldner zwischen seinen Gläubigern. Radirt. fol. Schöner Druck. Selten.
J. E. Ridinger.
1257. 4 Bl. Thierstücke: Schweine, Hirsche, Dachse und Löwen. gr. qu. fol. Thienemann 205, 210, 224 u. 228. Alte Abdrücke, mit unbedeutenden Ausbesserungen.
P. Sandby und E. Rooker.
1258. Der Schweizergeneral Aliast im verzauberten Wald. (Aus Tasso's befreitem Jerusalem). J. Collins p. gr. qu. fol. Bis zum Stichrand beschnitten und mit kleinen Ausbesserungen.
J. M. Schmutzer.
1259. 2 Bl. Luchse auf der Jagd der Steinböcke und Gemsen, und Adler auf der Jagd der Wölfe und Schlangen. C. Ruthard u. F. Snyders p. gr. qu. fol. Schöne Abdrücke.
P. van Sompelen.
1260. Christus und die Jünger von Emaus. P. P. Rubens p. fol. 2. Abdruck mit Cl. de Jonghe's Adresse.
J. Thaeter.
1261. Rudolph von Habsburg wahrt den Landfrieden. J. Schnorr p. Sächs. Kunstvereinsblatt. gr. qu. fol. Beschnitten.
J. Visscher.
1262. 4 Bl. Viehstücke in die Breite. N. Berghem inv. qu. fol. Zum Theil früheste Abdrücke. Fleckig.

J. Volpato.

1263. Hochzeit zu Cana. J. Tintoretto p. qu. fol. Bis zum Stichrand beschnitten.

J. Watson.

1264. The Female Correspondent. G. Metzu p. Schwarzkunst. gr. fol. Guter Druck.

Anton Wierex.

1265. Heil. Familie mit Elisabeth und Johannes in einer Stube. F. Floris inv. qu. fol. Guter alter Abdruck. Bis zum Stichrand beschnitten.

J. G. Wille.

1266. Repos de la Vierge. C. W. E. Dietrich p. fol. Le Bl. 2. Schöner Abdruck.

Von Unbekannten.

1267. Der Quacksalber. In Callot's Manier. qu. 8.

Von Diversen.

1268. 7 Bl. Verschiedene Darstellungen, von Aldegrever, G. Pencz u. S. Beham. 8. Meist matte Abdrücke.

1269. 242 Bl. aus dem Münchner Galeriewerk, in Zeichnungsmanier. Lithogr. von Piloty, Strixner etc. gr. fol.

1270. 14 Bl. Fresco-Gemälde in den Arkaden des Hofgartens zu München. Lithograph. qu. fol. Zum Theil fleckig. Pappband.

1271. 28 Bl. Kupferstiche und Radirungen. Verschiedene Darstellungen in verschied. Format.

Portraits.

P. Audinet.

1272. J. B. Clery, dernier Serviteur de Louis XVI. Brustbild. H. Danloux p. Oval fol.

J. J. Balechou.

1273. Jean de Julienne, Kunstliebhaber. Halbfigur. J. de Troye p. gr. fol. Schöner Druck.

J. F. Bause.

1274. Der Persianer. F. Mieris p. fol. K. 33. Ohne Plattenrand. Guter Abdruck, wie die Folgenden.

1275. Friedrich August von Sachsen. A. Graff p. fol. K. 136.

1276. C. G. H. v. Hoym. J. Bardou p. fol. K. 148.
1. Abdruck. Selten.
1277. J. F. v. Domhardt. J. Becker p. gr. fol. K. 150.
1278. J. Brucker. fol. K. 160. Selten.
1279. D. Riech. fol. K. 182. Selten.
1280. C. S. Horn. fol. K. 192.
1281. H. F. J. Apel. A. Graff p. fol. K. 224.
1282. C. Richter. Idem p. fol. K. 229.
1283. J. G. Quandt. Idem p. fol. K. 236.

Th. Benedetti.
1284. Franz I., Kaiser von Oesterreich. Brustbild. J. Ammerling p. fol. Schöner Abdruck.

J. P. Bittheuser.
1285. Jacques Marquis de Castelnau, Maréchal etc. Brustbild, nach Nanteuil. fol.

J. J. de Boissieu.
1286. Bildniss des Meisters. Radirt. fol. Rig. 1. 2. Abdruck auf Chines. Papier.

J. Borcking.
1287. 7 Bl. Portraits. Kaiser Maximilian II., Rudolph I. etc. fol. Selten.

L. Cars.
1288. François Boucher, Maler. Brustbild. C. Cochin del. Medaillon. 4.

D. Chodowiecki.
1289. Freiherr E. v. Rochow, Brustbild in Medaillon. fol. E. 191. Guter Druck.
1290. 2 Bl. F. G. Luedke, und A. Böhm. 8. E. 379. und 530. Ohne Plattenrand.

J. Coelemans.
1291. Jean Baptiste Boyer d'Aguilles. Kniestück. H. Rigaud p. gr. fol.

J. Compagnie.
1292. Henriette Marie, Gemahlin Carl's I., mit ihren Söhnen. A. van Dyck p. fol. Guter Abdruck. Im Rande fleckig.

J. B. Dasori.
1293. Ludwig XVI., ganze Figur im Krönungsornat. J. Duplessis p. fol.

J. Daullé.

1294. Marie Josepha, Reine de Pologne, Electrice de Saxe. in ganzer Figur. L. de Sylvestre p. roy. fol. Schöner Abdruck. Bis an den Plattenrand beschnitten.

1295. Claude de St. Simon, Bischof. Fast ganze Figur. sitzend. H. Rigaud p. Der Kopf ist von Daullé, alles Uebrige von Wille gearbeitet. gr. fol. Le Bl. 112. Vorzüglicher 1. Druck vor S. R. Princeps. Selten. Bis zum Plattenrand beschnitten.

W. Delff.

1296. Carl Ludwig, Pfalzgraf bei Rhein. Brustbild in Oval. M. Miereveld p. fol. Schöner Abdruck. Bis zum Stichrand beschnitten.

1297. Johannes von Oldenbarneveldt. Brustbild in Oval. Idem p. fol. Fleckig.

L. Desplaces.

1298. Paul Veronese, zwischen der Tugend und dem Laster. Se ipse p. fol. Bis zum Stichrand beschnitten.

E. Desrochers.

1299. 7 Bl. Portraits französischer Fürsten etc. Oval 8. Beschnitten.

N. Dupuis.

1300. Charles François Le Normant de Tournehem. Kniestück. L. Tocqué p. gr. fol. Schöner Abdruck. Bis zum Plattenrand beschnitten.

G. Edelinck.

1301. Jac. B. Bossuet, Brustbild. H. Rigaud p. R.-D. 156. 1. Abdruck. Bis zum Stichrand beschnitten.

Ph. Endlich.

1302. Joannes Noordbeck, Brustbild in Oval. fol. Schöner Abdruck.

J. Fischer.

1303. A. Allegri Correggio. Brustbild. 4. Mit einem Croquis

J. Folkema.

1304. Thomas Morett, Goldschmidt Heinrich VIII., Halbfigur. H. Holbein p. Dresdener Galerie. fol. Schöner Abdruck. Bis zum Plattenrand beschnitten.

H. Garnier.
1305. Lola Montez, Kniestück. J. Laure p. Mezzotinto. fol.

J. G. Glume.
1306. General Rothenberg, Kniestück. Radirt. fol.

J. C. B. Gottschick.
1307. Johannes der Täufer. J. Grassi p. fol. Schöner Abdruck.
1308. Christuskopf. G. Reni p. fol. Vor der Adresse.
1309. Brustbild eines Alten. J. Nogari p. fol. Vor aller Schrift.
1310. Pastor Schmalz, Brustbild. fol. Ebenso.
1311. Maurice Le Tellier, Brustbild. 4. Ebenso.

F. Gregori.
1312. J. F. Bause. A. Graff p. 8.

G. Groos.
1313. Margaretha, Rom. Imperatrix Infant. Hispaniarum, umgeben von den Bildnissen der Könige Philipp I., Philipp IV. etc. G. Dürmann del. fol.

Fr. Guibert.
1314. Gaston de Foix, ganze Figur, in Rüstung. Ph. Champagne p. fol.

P. v. Gunst.
1315. Sumuel Pitiscus. G. Huet p. fol. Schöner Druck.

J. E. Haid.
1316. Ewald Friedrich v. Herzberg, Minister, Brustbild in Oval. Schwarzkunst. 4.

A. Halwech.
1317. 18 Bl. Portraits etrurischer Fürsten. fol.

J. G. Hertel.
1318. Rembrandt. Se ipse p. 4.

W. Hollar.
1319. 2 Bl. Aus der Folge der Monate. qu. 8. P. 632 und 633.
1320. 4 Bl. Landschaften. qu. 4. P. 1212, 1217, 1226 u. 1242. Spätere Abdrücke, etwas fleckig und beschädigt.
1321. Pietro Aretino. Tizian p. 4. P. 1346. Schöner Abdruck.

1322. Katharina von Arragon. H. Holbein p. kl. 4. P. 1549.
1323. Dürer, der Vater. A. Dürer p. fol. P. 1389. Matt.
1324. Herzog v. Suffolk. H. Holbein p. 8. P. 1554.
1325. Frauenbrustbild. 8. P. 1652.

J. Houbraken.
1326. Ferdinand van Collen, Brustbild mit Beiwerken. J. Wandelaer del. fol. Guter Abdruck.
1327. Maria Christina, Erzherzogin von Oesterreich. fol. Schöner Abdruck; bis zum Stichrand beschnitten.
1328. Cornelius van Bynkershoek. P. van Dyck p. fol. Guter Abdruck.
1329. Jacoba van Selstede, Brustbild in Oval. M. Quinkhard p. fol. Ebenso.
1330. Wilhelm IV. von Oranien, Brustbild in Oval mit Beiwerken. J. Aved p. fol. Schöner Abdruck. Selten.

P. Isselburg.
1331. Wilhelm, Herzog zu Sachsen. Aet. 1624. 8.

W. Kilian.
1332. 7 Bl. Portraits: Sebast. Schärtlin, Friedrich V. etc. 4.

Ch. Langlois.
1333. Raphael (Pinto Altoviti). Raphael p. Punktirt. fol.

N. de Larmessin.
1334. 2 Bl. Henry de la Tour d'Auvergne, und Jean Baptiste Colbert. 4. Beschnitten.

P. A. Le Beau.
1335. 2 Bl. Anne Hilaire de Tourville, und Necker. Mit Beiwerken. Desrais und Le Clerc del. 8.

H. Lips.
1336. Cardinal Herzog von Richelieu. 12.

A. Lommelin.
1337. Catharine Howard, Halbfigur. A. van Dyck p. fol.

J. Longhi.
Nach ihm.
1338. 5 Bl. Alexander, Anacreon, Pericles, Homer, und Sophocles, nach Antiken. 4.

J. Mariage.
1339. Julio Romano. Se ipse p. fol.
J. B. Martin.
1340. Carl I. von England, und sein Stallmeister Hamilton. A. van Dyck p. Rothdruck. fol. Bis zum Stichrand beschnitten.
J. Massard.
1341. Jean Richardot, Präsident, mit seinem Sohne. P. P. Rubens p. (Musée Napoleon). fol. Probedruck vor aller Schrift.
J. Mauduison.
1342. Mademoiselle d'Artois. J. Tassaert p. Punktirt. f.
B. Moncornet.
1343 a. Philippe de France, Herzog von Orleans. fol. Beschnitten.
E. Morace.
1343 b. J. G. v. Müller, Kupferstecher. F. Tischbein p. fol. Ohne Plattenrand.
Friedr. Müller d. J.
1344. Melanchthon, Halbfigur. L. Cranach p. fol. Vor aller Schrift.
R. Nanteuil.
1345. Anton Barillon de Morengis. fol. R.-D. 31. Grau.
1346. Philipp Emanuel Beaumanoir de Lamardin. fol. R.-D. 35. 1. Abdruck. Bis zum Stichrand beschn.
1347. Georg de Scudery. fol. R.-D. 221. 1. Abdruck.
J. Petit.
1348. Marie de Lafontaine. Q. de la Tour p. fol. Guter Abdruck.
1349. Maria Theresia, Königin von Ungarn. Brustbild in Oval. M. de Meytens p. fol. Guter Abdruck. Etwas fleckig.
B. Picart.
1350. Wilhelm III. von England. A. v. d. Werff p. 4.
R. Pozzi.
1351. A. van Dyck. Se ipse p. fol. Vor aller Schrift.
C. G. Rasp.
1352. 2 Bl. Carl Graf v. Osten-Sacken, und J. G. Prentzel. J. Schmidt und A. Graff p. fol.

C. J. Schlotterbeck.

1353. J. Caspar Lavater. Brustbild in Oval. 4.

G. F. Schmidt.

1354. Charles St. Albin, Erzbischof von Cambrey. Kniestück. H. Rigaud p. gr. fol. J. 47. Ziemlich guter Abdruck. Bis zum Plattenrand beschnitten und etwas fleckig.
1355. Maurice Quentin de la Tour, Maler, (der Kleinere), Brustbild. Se ipse p. fol. J. 89. Guter Abdruck.
1356. Brustbild eines Mannes in mittleren Jahren. Rembrandt p. Radirt. 4. J. 127. Schöner Abdruck.

Schmutzer und Wagner.

1357. Graf J. de Durazzo, kaiserl. Gesandter. Halbfigur. J. Meytens p. gr. fol. Selten.

J. Simon.

1358. Samuel Clarke. Brustbild in Oval. T. Gibson p. Schwarzkunst. fol.

J. Smith.

1359. Lord Burleigh, in ganzer Figur. W. Wissing p. Schwarzkunst. fol.

C. F. Stölzel.

1360. 2 Bl. Brustbild eines Mannes. H. Holbein p. und Dr. Franz V. Reinhard, Brustbild in Oval. J. Charpentier p. fol. und 4.

G. Strauch.

1361. 2 Bl. Paul Juvenel, Maler, und: Eigenbildniss. Radirt. 8.

J. Suyderhoef.

1362. E. Swalmius. Rembrandt p. 4. Wussin 85. 1. Abdruck mit der Adresse von Lodewyck. Diese Abdrucksgattung fehlt Wussin.

B. Taurel.

1363. Wilhelm I., König der Niederlande. J. W. Pieneman p. gr. fol. Schöner Abdruck.
1364. Wilhelm II., König der Niederlande. J. A. Kruseman p. gr. fol. Ebenso.

1365. Anna Paulowna, Königin der Niederlande. J. B. v. d. Hulst p. gr. fol. Ebenso.
Ch. Townley.
1366. Prinz Ferdinand von Preussen, als Grossmeister des Johanniterordens, in ganzer Figur. J. Cunningham p. Aquatinta. gr. fol. Etwas fleckig.
Von Unbekannten.
1367. J. Baptiste Colbert. J. Champagne p. Oval fol.
1368. Leonardo da Vinci, Maler. 4.
1369. Sultan Selim zu Pferde. 4. Unten rechts das Monogramm von N. Nelli.
1370. Johann Herzog von Marlborough zu Pferde. Im Hintergrunde Schlachtgetümmel. gr. fol. Mit einem unterlegten Risse. Selten.
C. Vermeulen.
1371. Friedrich Leonard, Buchdrucker. H. Rigaud p. 4.
1372. J. de Brunene Lugdensis, Kniestück. Idem p. fol. Guter Abdruck, mit Audran's Adresse.
L. Vorsterman d. Aelt. u. J.
1373. 2 Bl. Thomas Howard und seine Gemahlin, Halbfiguren, und David Teniers. qu. fol. u. fol. Alte Abdrücke. Mit Ausbesserungen, letzteres verschnitten.
B. J. Weiss.
1374. 2 Bl. Rubens, und seine Frau. P. P. Rubens p. Radirt. 4.
Von Diversen.
1375. 8 Bl. Portraits von Schweizer Freiheitshelden, Tell, Winkelried etc. Von verschiedenen Künstlern. 8.
1376. 65 Blatt. Portraits, zum Theil von guten Künstlern. gr. fol. u. fol. etc.
1377. 15 Bl. Portraits und andere Darstellungen, aus der Derschau'schen Holzschnitt-Sammlung: Melanchthon, Hans Sachs, Herzog Georg etc. In verschiedenem Format.
1378. 10 Bl. Lithographirte Portraits. Fürsten von Oesterreich, Preussen und Bayern. fol. u. gr. fol.
1379. 9 Bl. dergl. Generäle von Oesterreich und Sachsen, wie vorher.

1380. 2 Bl. dergl. Maximilian II. von Bayern, und seine Gemahlin mit ihrem Sohne, nach E. Correns. gr. fol.
1381. 4 Bl. dergl. Lithographien, meist nach P. Hess von F. Hohe. fol. und qu. fol.

Kupferstiche.

A. Bartsch.
1382. Das Concert. F. Mieris inv. Radirt. kl. fol.

J. Beauvais.
1383. Der heil. Hieronymus. A. van Dyck p. Dresdner Gallerie. fol.

S. a Bolswert.
1384. Das Concert. Sou d'Oude songen soo pepen de Jongen. J. Jordaens p. gr. fol. Späterer Abdruck mit der Nummer.

C. Du Sart.
1385. Der Violinspieler oder das Concert. Radirt. fol. B. 15.

J. Gole.
1386. Concert von Herr und Dame. Schwarzkunst. fol. Selten.

J. Longhi.
1387. Der Genius der Künste, welcher Amors Pfeile verbrennt. G. Reni p. qu. fol. Vor der Schrift.

A. van Ostade.
1388. 2 Bl. Der Violinspieler, und der buckelige Geiger. Radirt. 4. Spätere Abdrücke.

J. Falck.
1389. Das Concert. F. Guercino p. Cab. de Reynst. F. de Wit exc. qu. fol.

F. Knolle.
1390. Die schöne Albaneserin. J. Bäse p. fol.

E. Picart.
1391. Das Concert. D. Dominichino p. Cab. du Roi. qu. fol. Guter Abdruck. Mit unterlegten Rissen.

J. van Somer.
1392. Das kleine Concert. P. Geeraers p. Schwarzkunst. fol. Selten.

E. Steinle.
1393. Die beiden Sänger. Originalradirung. fol.

Unbekannt.
1394. 2 Pl. Portraits von Beethoven und Servais. Lithographien auf Chines. Papier. fol.

Kupferstiche.

Die gewählte Sammlung des verstorbenen Herrn Geh. Medicinalrath, Professor Dr. Hohl in Halle a. d. S.

A. B. Desnoyers.
1395. La Vierge au Donataire dite de Foligno. Raphael p. roy. fol. Alter schöner und seltener Abdruck mit dem Stempel der beiden antiken Köpfe. Gebräunt und bis nahe dem Plattenrand beschnitten.

A. Fioroni.
1396. Riposo in Egitto. Raphael p. gr. fol. Schöner Abdruck, bloss mit einer Zeile Schrift und auf Chines. Papier. Mit einigen kleinen Flecken.

J. Folo.
1397. Virgo cum Puero Jesu. Die Madonna des Grafen S. Leu. Raphael p. Rund fol.

F. Forster.
1398. La Vierge au Bas-relief. L. da Vinci p. gr. fol. Guter Abdruck, mit ⅓ Zoll Papierrand ausserhalb des Plattenrandes.
1399. Raphael Sanzio. Se ipse p. fol. Guter Abdruck.

N. Lecomte.
1400. Sainte Famille dite la Perle de Raphael. Gall. de Madrid. roy. fol. Guter Abdruck eines Hauptblattes.

J. Longhi.
1401. Die Vermählung der Maria oder das Sposalizio. Raphael p. roy. fol. Alter Abdruck dieses Meisterwerkes der neuern Kupferstecher-

kunst, vor der Inschrift am Tempel und mit dem Namen des ersten Druckers Bardi. Stellenweise mit gelber Farbe überzogen und im obern weissen Papierrande ein kleiner Riss.

1402. Die heilige Familie. Nunc ego mitto etc. Raphael p. gr. fol. **Guter Abdruck.**
1403. La Maddalena del Correggio. Dresdner Gallerie. qu. fol. **Alter seltener Abdruck auf dünnes Papier.** Mit einem kleinen Fleckchen im Kopfe.

P. Lutz.

1404. La Madonna del San Francesco di Correggio. Dresdner Gallerie. roy. fol. **Schöner Abdruck** dieses Capitalblattes, zu den Seiten und oben bis zum Plattenrand beschnitten und der Rand etwas gebräunt.

A. Martinet.

1405. La Vierge aux Palmiers. Raphael p. Rund gr. fol. **Guter Abdruck dieses trefflichen Blattes**, leider etwas fleckig.

R. Morghen.

1406. Die Transfiguration. Et transfiguratus est ante eos. Raphael p. roy. fol. Zweite von R. Morghen allein gestochene und geschätztere Platte. Die handschriftliche Unterzeichnung „No. Centosessantasetto Raff. Morghen" dürfte von anderer Hand darunter geschrieben sein.
1407. Die Madonna della Sedia. Idem p. Rund fol. **Alter guter Abdruck**, mit der Adresse von P. Bettelini & Co. Bis zum Plattenrand beschnitten.
1408. Madonna bei dem schlafenden Kinde. Parce Somnum Rumpere. Tizian p. qu. fol. 2. Abdruck mit Artaria's Adresse. Mit einer geriebenen kleinen Stelle.

P. Toschi.

1409. Die Kreuztragung Christi. Lo Spasimo di Sicilia. Raphael p. roy. fol. **Alter Abdruck** dieses bekannten Meisterwerkes, mit Bardi's Name als Drucker. Bis nahe dem Plattenrand beschnitten, mit einem gelben Flecken und der Plattenrand etwas staubfleckig.

RUDOLPH WEIGEL'S KUNST-AUCTION IN LEIPZIG.

Versteigerungspreise
der
Leipziger Kunst-Auction
vom 31. März 1862.

Wo unter den Limiten weggegangen, entsprachen die Blätter nicht den Anforderungen meiner Herren Comittenten.

Rudolph Weigel.

Nummer	Rt.	ngl	Nummer	Rt.	ngl	Nummer	Rt.	ngl	Nummer	Rt.	ngl
1	1	15	30	—	12	61	—	18	92	—	2
2	—	6	31	—	8	62	—	2	93	—	15
3	—	2	32	—	18	63	—	23	94	—	23
4	4	—	33	1	7	64	1	21	95	2	—
5	—	15	34	—	—	65	1	21	96	1	19
6	2	25	35	—	15	66	—	2	97	4	—
7	—	21	36	—	10	67	—	15	98	3	—
8	—	12	37	12	1	68	7	20	99	—	2
9	—	1	38	—	25	69	6	5	100	1	—
10	—	10	39	—	15	70	2	20	101	—	1
11	—	10	40	—	12	71	—	10	102	6	6
12	—	10	41	—	15	72	—	—	103	2	13
13	—	4	42	—	13	73	—	4	104	1	5
14	—	8	43	—	2	74	—	20	105	—	11
15	—	4	44	—	—	75	—	—	106	1	1
16a	—	2	45	—	12	76	19	1	107	—	—
16b	1	5	46	—	9	77	2	18	108	—	12
17			47	—	14	78	6	10	109	—	5
18	—	1	48			79	—	1	110	—	2
19			49	1	1	80	—	19	111	—	1
20	—	2	50			81	—	17	112	1	—
21	—	16	51	—	8	82	2	25	113	1	—
22	—	2	52	—	4	83	1	10	114	—	19
23a	—	4	53	2	5	84	5	10	115	—	25
23b	—	4	54	—	17	85	—	4	116	—	2
24	1	20	55	—	2	86	—	10	117	1	7
25	1	20	56	—	2	87	—	8	118	—	10
26	—	1	57	1	2	88	—	10	119	—	12
27	—	12	58	—	1	89	1	8	120	—	4
28	—	1	59	—	22	90	1	8	121	—	25
29	—	1	60	—	25	91	—	1	122	—	1

Nummer	Rℓ	ngℓ	Nummer	Rℓ	ngℓ	Nummer	Rℓ	ngℓ	Nummer	Rℓ	ngℓ
123	—	28	169	—	10	215	—	2	261	—	4
124	—	2	170	—	5	216	1	9	262	—	15
125	1	12	171	3	6	217	—	3	263	—	20
126	—	3	172	2	15	218	—	16	264	—	21
127	—	1	173	2	7	219	—	15	265	—	4
128	—	1	174	1	—	220	—	6	266	1	6
129	4	2	175	—	1	221	41	1	267	1	5
130	1	—	176	2	2	222	5	12	268	—	2
131	—	15	177	1	20	223	—	23	269	—	4
132	—	2	178	—	1	224	—	3	270	—	8
133	—	5	179	—	5	225	1	—	271	—	2
134	—	15	180	—	3	226	3	6	272	—	2
135	—	10	181	—	8	227	1	5	273	—	4
136	1	18	182	—	8	228	1	7	274	1	—
137	15	12	183	—	8	229	—	3	275	2	10
138	2	21	184	—	4	230	2	2	276		20
139	1	19	185	—	10	231	—	19	277	2	5
140	1	21	186	—	1	232	—	18	278	1	3
141	—	2	187	—	10	233	—	25	279	—	20
142	—	5	188	—	4	234	—	2	280	—	2
143	—	22	189	—	11	235	1	27	281	—	6
144	—	4	190	—	4	236	20	—	282	—	6
145	—	15	191	—	28	237	1	20	283	—	2
146	2	29	192	—	25	238	1	10	284	—	8
147	—	26	193	—	1	239	—	10	285	1	8
148	—	13	194	—	15	240	—	16	286	3	—
149	—	1	195	—	25	241	—	2	287	6	—
150	—	3	196	—	16	242	—	25	288	9	—
151	—	3	197	—	25	243	—	14	289	9	1
152	—	2	198	—	4	244	—	4	290	14	—
153	1	3	199	—	12	245	—	28	291	5	20
154	—	8	200	11	15	246	—	25	292	4	—
155	—	2	201	4	20	247	5	—	293	—	9
156	3	15	202	18	—	248	—	17	294	—	21
157	3	15	203	—	5	249	3	—	295	5	—
158	—	19	204	—	—	250	1	5	296	1	8
159	1	23	205	—	26	251	1	8	297	1	2
160	1	13	206	1	10	252	25	—	298	—	25
161	1	3	207	—	21	253	8	1	299	—	21
162	—	1	208	12	—	254	—	20	300	18	15
163	26	—	209	—	2	255	1	5	301	5	1
164	2	—	210	—	4	256	—	2	302	—	6
165	1	—	211	—	4	257	—	6	303	—	16
166	4	15	212	—	4	258	—	8	304a-d	16	—
167	1	3	213	—	27	259	1	16	305a-i	11	—
168	—	1	214	—	27	260	—	13	306a-n	4	15

Nummer	Rd	ngl	Nummer	Rd	ngl	Nummer	Rd	ngl	Nummer	Rd	ngl
307	3	14	353	—	18	399	4	20	445	—	6
308	—	8	354	1	3	400	1	7	246	—	2
309	—	5	355	—	5	401	—	16	447	—	4
310	—	4	356	—	3	402	-	28	448		
311	—	20	357	—	18	403	2	12	449	—	2
312	15	17	358	—	4	404	4	—	450	—	6
313	2	4	359	—	20	405	—	2	451	—	2
314	7	12	360	1	19	406	—	1	452	—	23
315	—	16	361	1	8	407	3	20	453	—	16
316	1	15	362	—	4	408	—	10	454	—	4
317	—	21	363	—	4	409	—	12	455	—	17
318	1	—	364	1	3	410	—	9	456	1	2
319	2	8	365	—	28	411	—	15	457	2	10
320	—	17	366	—	10	412	—	2	458	—	1
321	—	20	367	—	10	413	—	4	459	—	18
322	—	4	368	—	2	414			460	—	15
323	—	2	369	2	16	415	—	4	461	—	2
324	—	2	370	—	16	416	—	8	462	—	10
325	—	2	371	—	19	417	—	25	463	—	5
326	—	7	372	—	15	418	—	4	464	1	—
327	—	2	373	—	4	419	—	8	465	—	16
328	—	3	374	—	7	420	—	3	466		
329	—	15	375	—	5	421	1	10	467	—	4
330	1	5	376	—	18	422	—	2	468		
331	4	—	377	—	7	423	—	5	469		
332	1	6	378	—	4	424	—	5	470	2	8
333	—	2	379	—	7	425	—	2	471a	—	9
334	—	13	380	—	4	426	—	25	471b	—	5
335	1	25	381	1	27	427	—	12	472	—	22
336	—	8	382	—	23	428	—	10	473	—	18
337	1	15	383	1	11	429	—	2	474	—	8
338	—	9	384	—	6	430	—	2	475	—	2
339	1	15	385	—	8	431	—	12	476	1	12
340	—	23	386	—	19	432	—	2	477	—	25
341	3	—	387	—	5	433	—	4	478	—	2
342	—	25	388	—	17	434	—	4	479	—	5
343	1	3	389	2	—	435	—	2	480	—	2
344	—	3	390	11	—	436	—	4	481	—	5
345	—	2	391	—	7	437	—	4	482	—	12
346	1	29	392	1	—	438	—	2	483	2	—
347	—	6	393	1	1	439	—	2	484	1	1
348	—	3	394	—	4	440	4	15	485	—	2
349	5	5	395	—	5	441	—	9	486	—	7
350	2	—	396	—	2	442	—	4	487	2	7
351	—	11	397	—	10	443	—	2	488	—	5
352	—	2	398	—	4	444	—	—	489	1	15

Nummer	Rt	ngl	Nummer	Rt	ngl	Nummer	Rt	ngl	Nummer
490	1	8	537	—	4	583	—	5	630
491	—	16	538	—	4	584	—	7	631
492	2	1	539	—	4	585	1	17	632
493	—	17	540	—	18	587	—	3	633
495	—	17	541	1	—	588	—	8	634
496	—	6	542	1	—	589	—	12	635
497	—	4	543	2	15	590	—	8	636
498	1	26	544	—	12	591	—	—	637
499	1	—	545	1	—	592	—	3	638
500	—	17	546	—	4	593	—	4	639
501	—	6	547	—	4	594	—	4	640
502	—	4	548	—	8	595	—	4	641
503	—	8	549	—	15	596	—	4	642
504	1	—	550	—	18	597	—	2	643
505	1	—	551	—	2	598	3	20	644
506	1	23	552	—	15	599	—	4	645
507	—	2	553	—	19	600	—	8	646
508	—	18	554	—	18	601	—	17	647
509	—	2	555	—	2	602	—	18	648
510	—	4	556	—	15	603	—	2	649
511	—	18	557	—	7	604	—	2	650
512	—	2	558	—	5	605	—	8	651
513	—	2	559	—	5	606	—	20	652
514	—	5	560	—	4	607	—	10	653
515	—	2	561	—	12	608	—	2	654
516	—	1	562	—	18	609	—	4	655
517	—	2	563	—	2	610	—	3	656
518	—	4	564	—	2	611	—	3	657
519	—	20	565	—	2	612	—	4	658
520	1	20	566	—	4	613	—	25	659
521	1	2	567	—	6	614	—	12	660
522	—	4	568	—	12	615	—	4	661
523	—	2	569	—	4	616	—	10	662
524	—	18	570	—	7	617	—	16	663
525	—	28	571	1	26	618	—	6	664
526	—	17	572	—	8	619	—	2	665
527	—	10	573	—	6	620	—	25	666
528	—	10	574	—	14	621	—	8	667
529	1	—	575	—	2	622	—	7	668
530	—	6	576	—	20	623	—	20	669
531	—	2	577	—	—	624	—	2	670
532	—	5	578	—	25	625	—	10	671
533	—	2	579	—	12	626	—	13	672
534	1	—	580	—	11	627	—	15	673
535	1	—	581	1	1	628	2	3	674
536	2	10	582	—	5	629	—	2	675

Nummer	Rt	ngl	Nummer	Rt	ngl	Nummer	Rt	ngl	Nummer	Rt	ngl
676	—	14	719	—	8	766	1	1	812	1	16
677	3	25	720	—	7	767	2	1	813	—	4
678a	—	8	721	—	4	768	—	3	814	—	12
678b	—	2	722	1	15	769	—	2	815	5	—
679	—	10	723	—	13	770	—	6	816	—	16
680	—	15	724	—	10	771	—	2	817	—	21
681	—	4	725	—	12	772	—	2	818	2	12
682	—	2	726	—	9	773	—	8	819	—	22
683	—	17	727	—	12	774	—	2	820	—	15
684	—	4	728	—	4	775	—	4	821	—	12
685	—	5	729	—	13	776	—	4	822	—	14
686	—	4	730	—	19	777	—	6	823	1	17
687	—	4	731	—	2	778	—	4	824	—	12
688a	—	2	732	1	17	779	1	8	825	—	25
688b	—	20	733	—	4	780a	3	—	826	—	12
689a	—	6	734	—	11	780b	—	6	827	3	—
689b	—	4	735	—	15	781	2	15	828	1	13
690	—	12	736	—	13	782	3	21	829	—	16
691	—	6	737	—	25	783	—	6	830	—	2
692	1	8	738	—	11	784	—	15	831	—	6
693	—	2	739	2	—	785	—	3	832	2	—
694	—	20	740	—	6	786	—	6	833	1	6
695	—	19	741	—	14	787	—	7	834	—	2
696	—	13	742	—	15	788	—	2	835	—	2
697	—	25	743	—	2	789	—	5	836	—	10
698	2	—	744	—	4	790	—	5	837	2	12
699	—	15	745	—	3	791	—	5	838	—	8
700	—	6	746	1	18	792	—	2	839	—	6
701	2	—	747	—	2	793	—	5	840	6	20
702	—	2	748	—	2	794	—	7	841	—	10
703	—	10	749	—	5	795	—	2	842	—	6
704	—	4	750	—	2	796	—	9	843	—	25
705	—	16	751	—	2	797	—	2	844	—	2
706	2	10	752	—	4	798	—	6	845	—	8
707	4	16	753	—	15	799	—	2	846	—	8
708	—	18	754	—	6	800	—	5	847	—	12
709	—	2	755	—	16	801	—	7	848	—	4
710	3	5	756	—	16	802	—	13	849	—	3
711	—	5	757	—	2	803	1	8	850	—	7
712	2	8	758	—	5	804	—	2	851	—	19
713	—	8	759	—	2	805	—	2	852	—	28
714a	—	20	760	—	4	806	—	2	853	—	10
714b	1	7	761	1	10	807	—	2	854	—	2
715	—	2	762	—	20	808	—	3	855	—	13
716	—	14	763	—	5	809	—	2	856	—	16
717	—	2	764	—	15	810	—	19	857	—	12
718	—	18	765	—	3	811	—	8	858	—	10

Nummer	Re	ngl	Nummer	Re	ngl	Nummer	Re	ngl	Nummer	Re	ngl
859	2	5	905	—	18	952	—	25	999	1	—
860	—	22	906	—	22	953	—	15	1000	—	10
861	—	24	907	—	4	954	—	4	1001	2	15
862	2	7	908	—	6	955	—	5	1002	—	6
863	1	5	909	—	10	956	—	25	1003	—	1
864	2	—	910	—	6	957	2	2	1004	—	6
865	1	8	911	—	2	958	—	9	1005	—	2
866	—	2	912	—	4	959	1	10	1006	4	15
867	—	12	913	—	10	960	—	21	1007	1	20
868	1	5	914	—	7	961	—	5	1008	3	12
869	—	5	915	—	3	962	1	11	1009	—	8
870	—	10	916	—	12	963	7	—	1010	—	28
871	1	23	917	—	2	964	5	10	1011	1	15
872	1	8	918	—	4	965	2	—	1012	—	19
873	—	16	919	—	2	966	—	20	1013	—	10
874	2	—	920	—	2	967	—	18	1014	1	—
875	—	8	921	—	2	968	—	15	1015	—	16
876	5	—	922	—	3	969	—	12	1016	7	1
877	—	1	923	—	2	970	—	1	1017	11	15
878	—	18	924	—	2	971	—	20	1018	—	10
879	—	4	925	—	2	972	4	—	1019	—	5
880a	—	15	926	—	2	973	2	8	1020	—	22
880b	1	—	927	—	—	974	3	1	1021	—	4
881	3	8	928	—	2	975	5	20	1022	1	20
882	—	13	929	—	2	976	—	2	1023	—	18
883	1	29	930	—	2	977	1	5	1024	—	12
884	—	12	931	—	15	978	—	11	1025	1	15
885	—	8	932	1	15	979	3	—	1026	—	1
886	—	10	933	1	5	980	1	5	1027	—	18
887	—	6	934	1	5	981	1	12	1028	—	19
888	—	8	935	—	6	982	1	26	1029	—	19
889	—	8	936	—	29	983	2	20	1030	—	6
890	—	22	937	—	2	984	1	15	1031	—	2
891	1	12	938	—	24	985	—	15	1032	1	—
892	1	12	939	—	2	986	—	16	1033	—	10
893	4	21	940	—	18	987	—	18	1034	—	12
894	—	13	941	—	7	988	—	18	1035	—	8
895	2	6	942	—	3	989	—	12	1036	1	16
896	1	—	943	—	12	990	1	16	1037	—	16
897	—	2	944	—	5	991	—	20	1038	—	7
898	1	2	945	—	4	992	—	12	1039	4	5
899	1	15	946	1	19	993	1	5	1040	—	8
900	—	6	947	1	2	994	—	2	1041	—	17
901	—	4	948	—	22	995	—	8	1042	2	—
902	—	4	949	—	1	996	—	12	1043	—	4
903	1	—	950	3	1	997	—	2	1044	—	2
904	1	4	951	2	10	998	—	15	1045	—	14

7

Nummer	Rt.	ngl	Nummer	Rt.	ngl	Nummer	Rt.	ngl	Nummer	Rt.	ngl
1046	4	—	1093	—	8	1140	—	5	1187	1	4
1047	1	4	1094	—	6	1141	1	12	1188	—	2
1048	3	20	1095	—	25	1142	—	1	1189	1	12
1049	2	2	1096	—	6	1143	—	10	1190	1	12
1050	3	6	1097	—	10	1144	1	13	1191	1	10
1051	1	16	1098	1	2	1145	—	15	1192	1	12
1052	—	22	1099	—	6	1146	—	5	1193	—	12
1053	—	8	1100	—	4	1147	—	2	1194	—	10
1054	1	25	1101	—	20	1148	—	6	1195	—	25
1055	—	14	1102	—	22	1149	—	26	1196	1	2
1056	—	5	1103	2	20	1150	—	12	1197	3	—
1057	—	6	1104	—	10	1151	—	5	1198	1	—
1058	—	11	1105	—	22	1152	1	—	1199	7	1
1059	—	4	1106	—	17	1153	—	3	1200	—	16
1060	—	2	1107	8	—	1154	—	17	1201a-g	2	1
1061	—	6	1108	—	2	1155	—	6	1202	2	25
1062	—	2	1109	—	7	1156	—	7	1203	4	10
1063	—	6	1110	1	22	1157	2	11	1204	3	20
1064	—	19	1111	2	25	1158	—	22	1205	18	12
1065	—	5	1112	—	6	1159	—	11	1206	—	4
1066	—	29	1113	—	15	1160	—	9	1207	1	—
1067	1	16	1114	1	—	1161	—	7	1208	6	—
1068	20	—	1115	1	10	1162	—	7	1209	1	3
1069	3	—	1116	—	25	1163	2	4	1210a-f	1	2
1070	2	—	1117	1	2	1164	6	10	1211a-b	—	8
1071	—	3	1118	—	2	1165	4	20	1212a-i	10	16
1072	—	3	1119	—	22	1166	3	16	1213	—	18
1073	—	8	1120	—	25	1167	1	2	1214	7	—
1074	—	2	1121	1	4	1168	—	8	1215a-e	20	13
1075	—	5	1122	8	—	1169	2	12	1216	17	—
1076	—	2	1123	—	4	1170	—	25	1217	—	2
1077	—	8	1124	1	10	1171	1	5	1218	1	12
1078	1	—	1125	—	17	1172	—	4	1219	—	1
1079	—	8	1126	—	15	1173	—	10	1220	—	—
1080	—	4	1127	—	22	1174	1	4	1221	—	7
1081	—	6	1128	2	20	1175	3	8	1222	—	1
1082	3	—	1129	—	9	1176	2	5	1223	—	14
1083	—	7	1130	1	24	1177	—	14	1224	—	16
1084	—	11	1131	—	8	1178	1	10	1225	—	1
1085	—	20	1132	—	4	1179	2	2	1226	1	10
1086	1	4	1133	1	20	1180	1	20	1227	—	2
1087	1	10	1134	—	2	1181	—	25	1228	—	18
1088	—	16	1135	4	20	1182	—	11	1229	2	10
1089	—	16	1136	—	11	1183	—	11	1230	3	—
1090	—	24	1137	—	4	1184	1	18	1231	—	19
1091	—	20	1138	3	—	1185	3	—	1232	—	12
1092	1	21	1139	13	2	1186	6	—	1233	1	—

Nummer	Rt.	ngl	Nummer	Rt.	ngl	Nummer	Rt.	ngl	Nummer	Rt.	ngl
1234	1	—	1278	—	1	1322	—	28	1365	—	8
1235	—	2	1279	—	1	1323	—	18	1366	—	6
1236	—	4	1280	—	1	1324	—	12	1367	—	—
1237	—	3	1281	—	1	1325	—	12	1368	—	1
1238	—	—	1282	—	1	1326	—	2	1369	—	1
1239	—	1	1283	—	1	1327	—	2	1370	—	12
1240	—	—	1284	—	5	1328	—	2	1371	—	2
1241	1	—	1285	—	2	1329	—	2	1372	—	1
1242	—	4	1286	—	9	1330	1	—	1373	—	8
1243	—	1	1287	—	2	1331	—	2	1374	—	10
1244	—	12	1288	—	5	1332	—	8	1375	—	3
1245	1	—	1289	—	1	1333	—	2	1376	3	—
1246	—	13	1290	—	1	1334	—	1	1377	1	—
1247	1	—	1291	—	1	1335	—	1	1378	—	10
1248	—	1	1292	—	5	1336	—	1	1379	—	23
1249	—	11	1293	—	2	1337	—	2	1380	—	6
1250	—	11	1294	1	—	1338	—	7	1381	—	3
1251	—	6	1295	3	—	1339	—	4	1382	—	3
1252	—	—	1296	—	4	1340	—	8	1383	—	1
1253	—	13	1297	—	12	1341	—	15	1384	—	8
1254	—	8	1298	—	6	1342	—	1	1385	1	—
1255	—	3	1299	—	2	1343a	—	2	1386	—	3
1256	—	12	1300	—	6	1343b	—	4	1387	—	12
1257	1	8	1301	—	25	1344	—	8	1388	—	9
1258	—	4	1302	—	1	1345	—	1	1389	1	12
1259	5	20	1303	—	5	1346	—	12	1390	—	18
1260	—	3	1304	—	10	1347	—	5	1391	—	2
1261	—	8	1305	—	8	1348	—	2	1392	—	—
1262	—	2	1306	—	2	1349	—	2	1393	—	5
1263	—	14	1307	—	3	1350	—	2	1394	—	1
1264	—	5	1308	—	3	1351	—	4	1395	20	4
1265	—	8	1309	—	2	1352	—	4	1396	7	—
1266	1	2	1310	—	1	1353	—	2	1397	2	—
1267	—	6	1311	—	1	1354	—	12	1398	4	11
1268	—	10	1312	—	—	1355	1	4	1399	1	26
1269	5	—	1313	—	2	1356	—	26	1400	6	15
1270	—	3	1314	—	2	1357	—	12	1401	24	—
1271	—	12	1315	—	2	1358	—	1	1402	4	—
1272	—	3	1316	—	—	1359	—	6	1403	9	—
1273	1	—	1317	—	16	1360	—	1	1404	4	—
1274	—	2	1318	—	2	1361	—	2	1405	6	—
1275	—	1	1319	—	18	1362	2	14	1406	21	—
1276	—	3	1320	—	28	1363	—	8	1407	12	—
1277	—	1	1321	1	15	1364	—	8	1408	2	—
									1409	21	1